JORNADA DE UM VENCEDOR

COMO VIVER O COACHING NA PRÁTICA
E FAZER A DIFERENÇA NO MUNDO

JORNADA
DE UM VENCEDOR

COMO VIVER O COACHING NA PRÁTICA
E FAZER A DIFERENÇA NO MUNDO

Copyright© 2018 by Literare Books International.
Todos os direitos desta edição são reservados à Literare Books International.

Presidente:
Mauricio Sita

Capa e diagramação:
Lucas Chagas

Revisão:
Daniel Muzitano

Diretora de Projetos:
Gleide Santos

Diretora de Operações:
Alessandra Ksenhuck

Diretora Executiva:
Julyana Rosa

Relacionamento com o cliente:
Claudia Pires

Impressão:
Epecê

Dados Internacionais de Catalogação na Publicação (CIP)
(Câmara Brasileira do Livro, SP, Brasil)

```
Oliveira, José Osvaldo de
    Jornada de um vencedor : como viver o coaching na
prática e fazer a diferença no mundo / José Osvaldo
de Oliveira. -- São Paulo : Literare Books
International, 2018.

    ISBN 978-85-9455-100-9

    1. Autoajuda 2. Autoestima 3. Coaching 4. Conduta
de vida 5. Motivação 6. Realização pessoal I. Título.
```

18-18871   CDD-158.1

Índices para catálogo sistemático:

```
1. Coaching : Conduta de vida : Psicologia aplicada
    158.1
```

Cibele Maria Dias - Bibliotecária - CRB-8/9427

Literare Books International
Rua Antônio Augusto Covello, 472 – Vila Mariana
São Paulo, SP – CEP 01550-060
Fone/fax: (0**11) 2659-0968
www.literarebooks.com.br
contato@literarebooks.com.br

Dedicatória

Para João Antonio de Oliveira, meu pai, que me ensinou, mais com exemplo do que com palavras, o jeito sábio de enfrentar a vida.

Para Maria Conceição de Oliveira, minha mãe, com sua doçura e seu amor incondicional, me ensinou o quanto o amor incondicional vale a pena.

Para Maria da Glória, Milton, José Osmar, Antonio, Lourdes, Sebastião, Rosa Maria, Nelson, Jaine, Reginaldo e Regina, meus irmãos, que me ensinaram a arte da boa convivência. O quanto é bom viver numa família numerosa, rodeada de respeito e amor.

Para Neide minha esposa, Danilo e Elisa, meus filhos, Davi e Lívia, meus netos que são os grandes presentes de minha vida.

Por fim, a todos os clientes, alunos de cursos e amigos, que são partes fundamentais dessa história.

Sumário

INTRODUÇÃO — 9

CAPÍTULO 1 - O que move um vencedor? — 13

CAPÍTULO 2 - Nasce um vencedor — 45

CAPÍTULO 3 - O despertar de um grande sonho — 65

CAPÍTULO 4 - A adolescência — 95

CAPÍTULO 5 - Tempos de faculdade e o despertar — 121
da consciência crítica

CAPÍTULO 6 - O ano de grandes realizações — 145

CAPÍTULO 7 - Do fracasso a maior realização da vida — 159

CAPÍTULO 8 - Quando temos um grande sonho, o universo — 179
trata de dar uma mãozinha

Introdução

A história humana sempre foi recheada de boas e de más experiências, assim como de frustrações e de alegrias, de esperanças e de desesperanças. Para o desespero dos perfeccionistas e para a alegria dos empreendedores, a vida não é lógica e o futuro é totalmente incerto. Por isso, e desde a Grécia Antiga, os filósofos e os estudiosos do comportamento humano tentam encontrar a melhor forma de viver. Isso tem auxiliado muito, mas a vida continua trazendo desafios para todos nós. O que todos sabemos é que não existe fórmula mágica para viver uma vida completamente assertiva, atingindo resultados satisfatórios e sem cometer erros.

Não quero, com este livro, ensinar a fórmula de como conquistar o sucesso, e sim quero apenas mostrar que o caminho trilhado pela família que está presente na história deste livro é muito interessante para quem deseja levar uma vida responsável, ser mais feliz e fazer a diferença no mundo, com importância maior à história de Vitor, um utópico sonhador e exemplar realizador de sonhos, que nos estimula o tempo todo a não desistir, a nunca se acomodar, enfrentando com maestria os desafios da jornada.

Depois dessa história, a sua vida não será a mesma!

Você vai aprender, na prática, que qualquer sonho pode ser realizado, mesmo os que parecem impossíveis.
- Vai aprender como educar filhos vencedores.
- Como formar uma família invejável.
- Como sair da miséria financeira e atingir a prosperidade.
- Como sair da ignorância e atingir os mais altos degraus da sabedoria.
- Como sair do anonimato e da discriminação e conquistar admiradores e seguidores.
- Como sair de vítima para ser o protagonista de uma história de sucesso.
- Vai conhecer os melhores caminhos a serem trilhados por quem não quer ser um anônimo da sociedade.

Tudo isso de maneira simples, firme e sem revolta.

Ela não é a história de um grande empresário que era pobre e ficou rico ou de um artista famoso de televisão que era um anônimo e atingiu o topo da fama.

É de um vencedor anônimo sem tanto barulho na mídia e sem acúmulo de riquezas. É a história de um guerreiro cuja arma são os seus sonhos, as suas ações e o seu amor pela vida e pelo ser humano. Por onde ele passa, com sua proposta de autodesempenho, tem impactado muita gente para a mudança. Sem alardear, sem oba-oba, sem sensacionalismo, e sim na simplicidade, no carisma, na ética, na competência e na qualidade de seus trabalhos. A transformação das pessoas é visível. Este livro conta a história desse guerreiro que não quis ser feliz sozinho e que dedicou a sua vida a serviço de sua evolução, da dignidade de sua família e do bem do mundo. A jornada de um vencedor é uma história inspiradora e estimulante, de modo que nos tira do comodismo e que nos impele a assumir uma trajetória movida por um propósito maior.

O leitor vai perceber que, apesar de estarmos na era da inteligência artificial, do brilhantismo da tecnologia e da robótica que disputa o mercado de trabalho com os humanos, é hora de voltarmos às origens. O momento é de recuperarmos a essência da vida e viver a prática do amor responsável. Como disse Charles Chaplin: "Não sois máquinas. Homens é que sois!". Tenha uma boa leitura!

Capítulo 1

O que move um vencedor?

"Algumas pessoas entram e saem de nossa vida silenciosamente; outras ficam um pouco e deixam marcas em nossos corações; daí em diante jamais seremos as mesmas."

Anônimo

Numa tarde ensolarada de verão, no Nordeste deste imenso país, estava eu lá no aeroporto para buscar um famoso palestrante vindo do Sul, a fim de ele palestrar no encerramento das obras de uma grande empresa na qual eu sou o responsável pelo RH. Eu sou o Marcos, prazer. Sempre gostei de trabalhar com pessoas, pois isso muito estimula o aprendizado com as suas histórias de vida e com as suas formas de ver o mundo. Em suma, é um aprendizado constante. Tenho 20 anos de empresa e a cultura que ajudei a implantar nela foi a prática do desenvolvimento humano de nossos colaboradores. A maioria é de baixa escolaridade e de pouco preparo para a vida. Muitos com dificuldades de relacionamentos na família e no ambiente profissional. Os treinamentos motivacionais e de desenvolvimento de competências os ajudam a ter um preparo não só para trabalhar melhor, mas para a vida e para a família. Não conheço o palestrante que estou a esperar, apenas o seu currículo e as suas ótimas informações, por isso me sinto orgulhoso de ser o primeiro a ter contato com ele. Confesso que estou ansioso pela sua chegada, sobretudo muito esperançoso sobre o quanto vai nos agregar em conhecimento. Não sei qual é o caminho que ele vai nos indicar para uma vida melhor, mas sei que estou precisando muito de novas ideias, para melhorar a minha motivação. Não estou na melhor fase de minha vida, e, embora eu seja um profissional razoavelmente preparado para lidar com gente, estou com algumas dificuldades em casa, pois sou pai de três filhos; estando dois deles no período da adolescência e me dando muito trabalho. A minha esposa, que é muito batalhadora, mas muito impaciente, briga comigo e com os filhos quase o tempo todo e eu não sei qual é o limite disso. A intenção dela é boa, coitada. Contudo, não é fácil a sua luta diária. Só sei que estou bem insatisfeito com a minha vida familiar e com um desejo muito grande de aprender como ser um pai mais eficiente e um marido mais sábio para compreender melhor a minha esposa.

O avião pousa e impressiona muito o seu tamanho; que máquina incrível! Embora eu estivesse habituado a voar, sempre gosto de contemplar o poder dessa máquina tão importante para a humanidade. Como um negócio desse tamanho pode voar? Pensava comigo enquanto via os passageiros descerem. Para cada homem que eu olhava, pensava: será este o nosso palestrante? Mas nenhum se apresentava a mim, já que eu estava com uma plaquinha com o nome bem visível a todos que passavam pela porta de saída da sala de desembarque. De repente, vejo de longe, caminhando para o meu lado, um senhor muito bem vestido, de terno, esguio, postura de gente importante e famosa, mala de executivo na mão e com passos largos e firmes. Pensei: é este! Caminhei na direção dele com a plaquinha na mão, com o coração disparado e com uma alegria contagiante e pensava: como vou me apresentar? Será que ele é atencioso? Será que me dará atenção? Ou será que é uma dessas autoridades metidas, arrogantes e cheias de etiquetas? Enquanto ia pensando sobre tudo isso, ele passou por mim, nem me olhou e foi embora. Tomei o maior susto. Gente, se não for esse, quem será então? O movimento já ia raleando, pois parecia não ter mais ninguém com o perfil de gente importante. Será que ele não veio? Será que perdeu o voo?

Enquanto isso, caminha ao meu encontro um senhor de vestes simples, estatura mediana, magro, sorriso no rosto e com um olhar profundo e amável. Ele pegou em minha mão com um aperto incomum e disse: "Bom dia, Marcos! Obrigado por ter vindo me buscar. Eu sou o Vitor!". Já me encantei ali, pois ele era diferente de todos que imaginei ser. Sua simplicidade, sua voz mansa e a forma como me tratava faziam parecer que já éramos amigos há muito tempo. Confesso que até pensei que ele não seria tudo aquilo que eu havia lido em seu currículo, uma vez que ele era muito simples e falava igual às pessoas comuns lá de minha empresa. Mas é claro, havia uma profundidade e uma ternura muito fortes em sua fala. Durante o tempo em que estávamos juntos, havia uma energia diferente à nossa volta, sei lá, havia uma paz diferente em nosso meio. Bom, pode até ser coisa da minha cabeça, mas sei que algo diferente estava acontecendo. Chegamos ao seu hotel e ainda ficamos conversando um pouco no carro. Ele me fez muitas perguntas sobre a empresa e eu tinha o maior prazer em respondê-las, sobretudo porque eram perguntas muito fáceis. Por fim, ele agradeceu pela minha atenção e combinamos a hora de buscá-lo no dia seguinte. Fui embora impressionado com aquele misto de confusão na cabeça. Será que ele é famoso mesmo? Afinal, ele é muito simples, mas é diferente, dado que fala diferente e tem uma energia diferente. Só sei que estava muito feliz com aquela experiência...

No dia seguinte, estava eu lá no hotel. Ele já me aguardava na recepção e veio ao meu encontro, nos cumprimentamos e ele entrou no carro. Ao ficar acomodado, me perguntou: "E aí? Como está o seu novo dia?". Hoje está muito melhor, pois estou esperançoso e feliz com a sua presença. Estou precisando de uns chacoalhões, pois, embora eu seja responsável pela área de gente, estou muito limitado no relacionamento em casa. Tenho trabalhado muito e estou repetitivo demais em casa. Não estou sabendo lidar com os meus filhos e nem com a minha esposa. As reclamações de minha esposa são as mesmas e as preocupações com os meus filhos também e eu estou meio perdido no meio disso como cego em tiroteio – disse em tom de brincadeira para não tornar aquele ambiente muito pesado. Ele, me olhando com um olhar de compaixão, disse: "Nossa! Que pena! Infelizmente os desafios maiores estão em casa. É bem mais fácil ajudar a resolver os problemas dos outros do que os nossos, pelo menos quando o assunto é família. Fica tranquilo! Creio que os assuntos que vamos abordar vão te ajudar a encontrar saídas muito fáceis para tudo isso". Mudou de assunto e continuamos a nossa viagem até o local da palestra, enquanto ele me fazia várias perguntas sobre a cidade. Outra coisa que percebi nele era a sua curiosidade, perguntava sobre tudo e com muito interesse.

No local do evento, já havia uma movimentação anormal: muitos carros estacionados de meus colegas de trabalho, mas a maioria indiferente ao que iria acontecer, muitos estavam ali cumprindo uma ordem: todos deviam estar naquele local às 9 horas da manhã para uma palestra. Sabiam da importância disso, porque era frequente essa prática na empresa. No entanto, infelizmente os que mais precisam não sabem que precisam, por isso ficam indiferentes. A minha esperança era a de que após a palestra eles saíssem diferentes, mais alegres, com a cabeça erguida e mais esperançosos.

Após o fato de que todos se aglomeraram no salão, às 9 horas em ponto, e depois de eu receber o palestrante, no qual tive a honra de apresentá-lo, o diretor de RH pega o microfone convidando a todos para se acomodarem, pois iria iniciar o evento. Todos rapidamente se acomodaram, o Sr. Rubens, diretor de RH, uma pessoa muito amável também, agradece a todos pela presença, explica com muita clareza o objetivo daquele encontro, e, em seguida, apresenta o cara que acaba de virar meu amigo, o palestrante Sr. Vitor Rodrigues, e lê seu minicurrículo.

Ele começa brincando com a turma, criando um ambiente descontraído e convidando a todos para se cumprimentarem. Em cinco minutos, ele já havia conquistado a plateia:

"Como eu sei que estou no meio de pessoas muito especiais, com muitas qualidades, quero desde já convidá-los a pensar em cinco qualidades que vocês têm. Vou dar um minuto para vocês pensarem nas suas qualidades... Quem topa falar das suas cinco melhores qualidades? Alguém levanta a mão, depois de um silêncio profundo. Isso! Muito bem! Fale para nós. Era o Zé risada. Ele recebeu esse apelido por ser muito brincalhão e foi logo dizendo: "Trabalhador, alegre, bom pai, bom marido e responsável". Isso! Muito bem! Vamos todos aplaudi-lo, concluiu... Ele recebeu os aplausos de todo o mundo. Eu achei o máximo. Fiquei com inveja.

O palestrante continuou: quem mais topa falar de suas qualidades? Fiquei morrendo de vontade, mas consegui achar só três qualidades em mim, haja vista que me cobro demais e precisava achar mais duas. Outra pessoa levantou a mão e falou: "Eu sou determinado, inteligente, bom amigo, otimista e amoroso". Todos aplaudimos de novo. Ele outra vez: quero ouvir mais um corajoso para falar de suas qualidades. Não resisti. Levantei a mão e peguei duas qualidades do meu colega que eu acho que tenho também. O palestrante falou: isso aí, meu amigo Marcos. Diga as suas qualidades. Falei bem alto e pude me sentir o cara mais importante daquela plateia sendo aplaudido por todos. Estava precisando disso, pensava comigo. Depois de outras pessoas falarem, ele concluiu: agora todos vão falar ao mesmo tempo sobre as suas qualidades usando a expressão "eu sou". De repente, todo mundo falou em voz alta as suas qualidades e foi emocionante, e, em seguida, todos aplaudiram.

O Sr. Vitor continuou: estamos aqui para conversarmos sobre a autoestima e sobre o desempenho profissional. O que será que o trabalho tem a ver com autoestima? Alguém pode estar se perguntando... Vou provar a vocês que tem tudo a ver. Vamos primeiro entender o que vem a ser autoestima? Quem arrisca dar uma definição? Indagou o palestrante. Como todos estávamos descontraídos, as respostas vieram imediatamente: gostar de si, ter autovalor, ter autorrespeito, ter autoaceitação e assim por diante. Parabéns! É tudo isso e mais um pouco.

Autoestima significa realmente amar e valorizar a si mesmo. Isso é bem diferente de ser um egomaníaco antipático e cheio de si. A autoestima quer dizer que você se aceita como é, mas continua trabalhando para melhorar. Enquanto ocorre esse processo, você tem uma visão saudável de si mesmo, de suas melhores qualidades e de suas maiores realizações. As pessoas de autoestima elevada são boas companhias para elas mesmas e para as outras pessoas. O funcionário de autoestima elevada tem uma relação melhor com os seus colegas de trabalho, é mais tolerante e assertivo no relacionamento afetivo e cria um ambiente agradável onde quer que ele esteja. Geralmente, é mais produtivo e mais habilidoso para aprender.

Para saber se a autoestima está saudável, em boas condições, pense no seguinte:

- Você tem autoaceitação? Isso inclui a sua aparência, as suas emoções, as suas qualidades e os seus defeitos, as suas conquistas e as más experiências.

- Você assume o mérito daquilo que faz?

- Você permite ter lazer nos fins de semana para recarregar a sua bateria?

- Você consegue transformar derrotas em vitórias? As pessoas de sucesso veem os problemas como oportunidades. Veja o que aprendeu com o seu último contratempo. Talvez agora conheça um aspecto técnico de seu trabalho melhor do que nunca.

- Você exige mais de si mesmo do que dos outros?

- Você é o seu pior inimigo?

- Você tem dificuldade para se perdoar por um erro cometido?

A autoestima é ligada a uma imagem saudável de si mesmo e que reflete uma pessoa forte, vibrante e motivada. As pessoas com baixa autoestima costumam ter uma autoimagem que pode causar:

Perfeccionismo - uma obsessão com a aparência ou uma necessidade de "acertar sempre".

A autoestima é um ingrediente importante para melhorar não só a sua vida, mas a vida de todas as pessoas que você se relaciona.

Criticar e julgar os outros é sinal de baixa autoestima, assim como exigir demais de si mesmo.

A chave para a má opinião sobre nós mesmos pode frequentemente ser encontrada no passado. O modo como os nossos pais nos trataram quando éramos crianças estabeleceu o padrão para os tipos de relacionamentos que podemos desenvolver como adultos. A base de nossa autoestima está na infância, especificamente até os oito anos de idade. Dependendo do estímulo que recebemos, de elogios ou de críticas, criamos a autoimagem que determinou as nossas crenças ao nosso respeito. Nossos pais, com a melhor das intenções, nos ensinaram a desenvolver a mágoa, a culpa e os ressentimentos por meio de suas críticas. Pais exigentes acabam cobrando e criticando muito os seus filhos. Isso vai atingir em cheio a autoestima do filho no presente e ao longo da vida. É importante lembrar que os nossos pais fizeram o melhor que puderam. O despreparo sobre como educar melhor um filho que os levou a agirem daquela maneira. Até aqui alguém tem alguma pergunta ou deseja fazer algum comentário? Um jovem lá do fundo levantou a mão e disse: "Ter autoestima elevada para quem teve pais amorosos e uma boa condição de vida é fácil. Quero ver é alguém conseguir ter uma autoestima forte sendo judiado pelos pais na infância e vivendo na pobreza", concluiu. O Sr. Vitor perguntou pelo seu nome e disse: eu concordo com você, Pedro. Realmente não é fácil viver bem e ser feliz tendo uma origem assim. Apesar disso, tenho uma boa notícia: é possível construir a autoestima em qualquer fase da vida, viver melhor e ser mais feliz. Vou apresentar um caminho infalível.

O que fazer para melhorar a autoestima:

1º - Elimine as suas crenças negativas

As crianças que são muito criticadas e cobradas na infância, acabam criando muitas crenças negativas em relação a si mesmas, à vida e ao mundo.

Crenças: são arquivos de convicções que criamos ao longo da vida e que nos levam a viver como se elas fossem verdades inquestionáveis. Vivemos de acordo com o que acreditamos. Nossas crenças são como um filtro que só permite passar aquilo que combina com o que pensamos. Elas definem o nosso jeito de viver.

Alguns exemplos de crenças negativas:

- Não sou um bom filho.
- Sou um fracassado.
- Sou uma pessoa sem sorte.
- Quem nasce pobre morre pobre.
- A vida é uma luta feroz.
- Tudo o que eu faço dá errado.
- Não sou inteligente.
- Não acredito que alguém possa me amar de verdade.

Essas e outras crenças nos limitam e atingem em cheio o nosso amor-próprio, nos levando a criar uma autoimagem muito ruim. Para eliminar essas crenças, pense no seguinte: você saiu vivo de todo o sofrimento da infância. Então, isso é o que importa. Já que você está vivo e com uma boa experiência sobre a sua vida, escolha daqui para frente um novo jeito de viver. Saiba que as pessoas que te maltrataram fizeram o melhor que puderam, pois eram pessoas limitadas e despreparadas para a vida, geralmente, com um passado pior do que o seu. Pare de pensar no que você não tem e pense no que você já conquistou e no que você tem hoje para ser feliz. A felicidade não é fruto de conquista, embora todas as conquistas nos façam mais felizes. Felicidade é uma questão de escolha, isto é, escolha ser feliz com o que você tem hoje e busque conquistar outras coisas que são importantes para você, agindo e acreditando que você é capaz.

2º - Para cada crença negativa, crie uma positiva no lugar

Em vez de:

- Não sou um bom filho, diga: sou um filho de valor e com muitas qualidades.

- Sou um fracassado, diga: sou uma pessoa com muitas experiências positivas e negativas. As positivas me fortalecem. As negativas, ensinam a ser mais esperto na vida.

- Sou uma pessoa sem sorte – sorte é uma questão de foco e de determinação, uma vez que tudo o que eu quiser e for à luta posso conseguir.

- Quem nasce pobre morre pobre – Quem nasce pobre e deseja vencer na vida, vai conseguir e é só uma questão de atitude e de persistência.

- A vida é uma luta feroz – A vida pode ser uma grande festa, se eu tiver certeza do que quero dela e agir, vivendo um dia de cada vez, fazendo o que precisa ser feito a cada dia e sem pressa, sem ansiedade, ou seja, vivendo 100% o momento presente.

- Tudo que eu faço dá errado – Não existe erro, existe resultado. Toda ação feita que não deu certo me ensina que não é daquela forma, haja vista que sempre é possível aprender com as boas e com as más experiências.

- Não sou inteligente – Todas as pessoas são igualmente inteligentes; é só uma questão de saber exercitar a mente, buscando aprender algo novo.

3º - Compreender e aceitar o seu passado

Aceite a sua história, pois você não pode mudar o seu passado, mas você pode mudar o seu modo de olhar para ele. Entenda que os seus pais eram limitados e que a maneira que eles usaram para lidar com você era a melhor que tinham naquele momento. E a fizeram para educá-lo, de modo que tiveram o intuito de fazer de ti um bom ser humano. Fazer as pazes com o passado, aceitando e amando a sua história, é uma forma de ir para a vida com mais energia e positivismo.

4º - Perdoar-se e perdoar aos outros

Perdoe os seus erros e permita fazer o seu melhor sem a obsessão por querer acertar sempre. Faça o melhor que puder por si e pelos outros e esteja contente com isso, mesmo que as suas ações não tenham correspondido às suas expectativas. Tenha o propósito de evoluir sempre, mas na proporção de suas possibilidades, e, enquanto isso, mantenha uma boa imagem sobre você mesmo.

Perdoe as pessoas que te feriram ao longo da vida, especialmente os seus pais, em vista de que a mágoa só aniquila as nossas esperanças e as nossas energias. Ela é um fardo pesado que colocamos sobre os nossos ombros e que torna a vida entediante. Embora o seu ofensor não mereça perdão, mesmo assim o perdoe. O perdão não é para libertar o seu ofensor, é para libertar a si mesmo de seu fardo de mágoa.

Numa certa ocasião, dois monges caminhavam por uma estrada em direção a um povoado. Logo à frente, encontraram um riacho que os impedia de alcançar a outra margem, haja vista que a ponte que havia naquele lugar foi levada pela enchente de uma forte chuva de dias atrás. Descendo a margem do rio para atravessá-lo, logo encontraram uma jovem muito bonita que estava parada e desejava atravessar o riacho, mas com medo de enfrentá-lo. Um dos monges pegou em seus braços e com muito jeito esteve por ajudá-la a atravessar para o outro lado da margem. Os dois seguiram a sua jornada. Em silêncio, ao chegar ao povoado, o sol já havia se posto e a noite vinha chegando. Nesse momento, o outro monge disse àquele que carregou a moça: "Você não devia ter carregado aquela moça, pois você sabe que nós não podemos tocar em mulheres". O outro monge respondeu: "Eu a carreguei e a coloquei do outro lado da margem, pior é você que a carrega em seu coração até agora!".

Perdoar é deixar com o passado os sentimentos do passado. É não querer justificar quem está certo e quem está errado, e sim apenas dar o direito aos outros de serem como eles querem ser e escolher liberá-los de sua mente e de seu coração para você ser livre e leve.

Pratique a mentalização positiva:

- Eu me amo.
- Eu me aprovo e me aceito como sou.
- Sou uma pessoa abençoada.
- Tudo o que quero eu consigo.
- Deus é meu aliado.

5º - Estabeleça metas

"Pare de olhar para trás. Você já sabe onde esteve. Você precisa saber para onde vai. Acostume os seus olhos a mirar o futuro."

Bárbara Coré

O bom da vida é que podemos criar o futuro que desejamos se aproveitarmos bem o nosso presente. Portanto, o melhor que podemos fazer pela nossa autoestima e pela felicidade é dizer para a vida o que queremos dela. Nós podemos criar o futuro de nossos sonhos. Veja o que você deseja realizar em sua vida para que se torne mais feliz, estabelecendo as suas metas e começando a agir, dando um passo de cada vez.

Como você deseja se ver daqui a cinco anos nas áreas:

- Profissional
- Financeira
- Familiar/afetiva
- Social
- Saúde
- Espiritual
- Lazer

Avalie o seu estado atual em cada área citada e dê uma nota de um a dez para o seu grau de satisfação em cada uma delas. Depois de ter uma visão clara de seu estado atual, consciente das áreas que estão com notas mais baixas e das que estão com notas mais altas, crie o seu estado desejado. Saiba que você tem o poder de criar um futuro irresistível que o torne extremamente feliz e realizado. Crie uma imagem positiva de você desfrutando do estado desejado em cada área da vida daqui a cinco anos. Depois volte a olhar para as suas áreas mais baixas e escolha aquela que se houver uma melhora irá impactar também as outras áreas. Pegue essa área e estabeleça algumas ações novas para melhorá-la nos próximos meses: quais serão as suas seis primeiras ações para elevar essa área? Quais serão as suas três primeiras ações a serem realizadas nos primeiros quinze dias?

Quando estiver perto de concluir as seis ações e já estiver certamente desfrutado de sua evolução, escolha outra área e defina outras seis ações para elevá-la também, desfrutando de toda pequena conquista. Garanto a você que em seis meses estará num nível de satisfação muito mais elevado e muito mais feliz e com a autoestima profundamente impactada.

Faça o seguinte para planejar melhor as suas ações:

Olhe para a rotina de seu dia a dia e decida:

1 – O que você está fazendo que deve parar de fazer em nome de suas conquistas?

2 – O que você está fazendo que ajuda e que deve continuar fazendo para ter mais motivação?

3 – O que você não está fazendo que deve começar a fazer para chegar ao lugar que deseja?

Decida ser feliz com o que você tem para ser feliz. Mude o seu foco. Pare de cultivar pensamento negativo. Cultive pensamentos que estimulem a perseguição de seus sonhos e de suas metas. Agradeça. Pratique a gratidão. Aprenda a ser grato com tudo que o cerca. A prática da gratidão nos faz mais merecedor de outras bênçãos em nossa vida. O cultivo da felicidade, nas pequenas coisas do dia a dia, torna o fardo da vida mais leve. É importante lembrar que a felicidade não pode ser algo a ser conquistado, e sim uma maneira de viver enquanto há caminho na direção de nossos sonhos.

Por fim, o meu último conselho: encontre a sua maneira de ser feliz

Ser feliz é a busca natural do ser humano desde quando nasce. Comigo não foi diferente, mas foi a partir de minha adolescência, em meio a tantas dificuldades financeiras e a vários sonhos que fervilhavam em minha mente, que fiz a pergunta definitiva: como ser feliz de verdade da maneira mais simples, mais prática, mais barata e mais acessível? De lá para cá tenho recebido muitas respostas. Este é o grande barato da vida: quando fizermos perguntas sempre teremos respostas. Um dos grandes obstáculos à felicidade é não fazer perguntas. Só faz pergunta quem pensa. E só usa a inteligência de maneira eficaz quem não aceita passivamente as coisas e questiona, pergunta, contesta e argumenta. Afinal, isso é inteligência.

Você já deve ter percebido quanta gente está equivocada e sofrendo nessa busca. Alguns exemplos: obsessão pela riqueza, obsessão pelo poder, compulsão pelo sexo e pela compra, apego excessivo às pessoas queridas, dependência química etc... Qualquer pessoa de bom senso sabe que esses não são caminhos inteligentes. Minha mãe sempre dizia: "Quando a cabeça não pensa o corpo padece". Nesse quesito, há muita gente padecendo por não pensar.

Eu aprendi com a vida que o melhor caminho para ser feliz é simplificar as coisas, tornar a vida mais simples e compreender e aceitar a própria realidade. Em suma, não esperar demais das pessoas, aceitar os defeitos dos que convivem conosco, não querer ser perfeito e nem exigir perfeição dos outros. Acreditar em si mesmo e acreditar em Deus marcam o caminho.

Estar de coração aberto ao amor em qualquer contexto. Não criar dependência e investir na liberdade. É preciso desejar crescer, evoluir e até melhorar financeiramente, mas sem virar escravo de si. Perdoar o passado, viver bem o presente e planejar o futuro breve. A felicidade não deve ser uma conquista, e sim uma escolha inteligente. É um jeito de viver as surpresas da vida, com tolerância e sabedoria. Aprendi que o jeito mais eficiente de ser feliz é optar por ser do bem e fazer o melhor que pudermos para facilitar a vida dos que cruzam o nosso caminho ou dos que vivem conosco. O bem gratuito é uma linguagem universal, visto que qualquer idioma compreende a linguagem do amor. Veja um exemplo clássico de alguém que viveu a sua vida a serviço do bem de seu povo.

Certa vez, ao tomar um trem no interior da Índia, Gandhi tropeçou no degrau e deixou cair a sua sandália do pé direito. Neste mesmo instante, o trem começou a andar e ele não pôde recuperá-la. Diante de todos os presentes, retirou a sandália do pé esquerdo e atirou pela janela. "Por que você fez isso?", perguntou um oficial inglês. "Uma sandália sozinha não serve para nada, nem para mim e nem para quem achar a que caiu do trem. Agora, a pessoa que achar pode ficar com o par completo...". Pense nisso e seja feliz!

Encerrando e sendo aplaudido de pé, era visível a comoção das pessoas. Com isso, muitas foram à procura do palestrante, a fim de conversar e de aproveitar um pouco mais de sua presença. Ele atendia a todos com a maior atenção e carinho. Em seguida, conforme combinado com o diretor, marquei com o Sr. Vitor uma reunião para meia hora depois. Como eu estava sedento pela palestra, fiquei atento a tudo e cuidei de anotar grande parte do conteúdo. Minha intenção era compartilhar com a minha família essa reflexão tão reveladora para melhorar a nossa autoestima.

Na reunião, nosso diretor mais uma vez agradeceu a abordagem da palestra, e, como o Sr. Vitor é uma pessoa muito prática e exigente, tudo foi muito enriquecedor em sua palestra. Depois, o diretor fez um pedido: "Quero aproveitar a sua presença para um trabalho mais profundo com os nossos líderes, a fim de dar mais conteúdos práticos para que possam levá-los ao seu ambiente profissional, comportando-se de maneira mais assertiva e formando equipes de melhor performance". Assim se fez. O Sr. Vitor indagou o RH, representado por mim e pelo diretor, sobre quais seriam as necessidades reais da empresa em relação à liderança para melhor elaborar o seu conteúdo. Depois de explanadas as necessidades da empresa, ficou marcado para o dia seguinte o minicurso. Àquela altura, eu não tinha mais dúvidas de que realmente o palestrante era mais do que aquilo que estava em seu currículo e foi além de minhas expectativas.

Como construir uma jornada profissional de sucesso e uma vida extraordinária?

Esse foi o tema do curso para os líderes. Ele já começou pegando pesado. Dividiu a turma em pequenos grupos e projetou na tela do *datashow* as perguntas para debatermos:

- Por que você está vivendo neste mundo?

- O que você significa para a sua família? E para os seus colegas de trabalho? E para os seus amigos?

- O que é importante para você?

- Você trabalha para quê?

- Como você quer ser lembrado pelos seus colegas de trabalho quando não estiver trabalhando mais na empresa?

- Qual a marca que você quer deixar para a humanidade quando não estiver mais aqui?

Depois de um longo e enriquecedor debate, o professor continua: "Se vocês conseguirem responder bem a essas perguntas as suas vidas não serão as mesmas. São as respostas a elas o que diferencia um ser humano do outro. A maioria das pessoas vive como anônima, isto é, não deixa marcas, não tem consciência de seu papel no mundo e não sabe por que vive. Não que as pessoas sejam más, é que colhem muito pouco da vida e frequentemente vivem mais infelizes e não se realizam facilmente. Não é culpa delas, pois o nosso modelo educacional, o despreparo dos pais e até as religiões distantes da realidade de seus fiéis não os ajudam a ter uma compreensão, qual seja, sobra a razão de viver de uma forma mais instigante. Alguns despertam sozinhos, mas isso é mais difícil. Observe como vive e quais são as ilusões da maioria de seus funcionários. As perguntas debatidas nos ajudam a encontrar um propósito de vida, uma razão pela qual vale a pena viver.

O profissional que faz a diferença numa empresa, que constrói uma carreira de sucesso e que ainda é admirado pelos seus colegas de trabalho, com certeza encontrou o seu propósito de vida e atua profissionalmente com uma razão muito maior.

Como fazer para descobrir o seu propósito de vida?

Observe quais são os seus talentos desde a sua infância e quais eram as coisas de que você gostava de fazer e as fazia bem. Hoje o que você percebe como habilidade natural está presente na sua vida desde a infância. O seu propósito está ligado aos seus talentos. Deus não nos dá uma missão sem nos dar talento para implementá-la. O propósito de vida tem a ver com não querer ser um anônimo, isto é, significa fazer parte de pessoas que se preocupam em tornar a vida mais divertida e fácil para outrem. Significa estar interessado pelo bem do próximo, sendo responsabilizado pela tarefa de fazer um mundo melhor para todos. Significa fazer parte das pessoas especiais que não estão aqui por acaso. Elas assumem uma missão maior.

Missão é a prática do propósito de vida

É a arte de fazer algo que tenha a ver com as nossas habilidades, que nos realize, que nos faça conquistar prosperidade financeira e que ainda nos ajude a melhorar o mundo em que atuamos. Quando temos consciência sobre qual é a nossa missão, a vida tem um colorido e um brilho mais contagiantes. Ela fica como se estivesse cheia de sol, turbinando a nossa motivação e a alegria. O melhor jeito de fazer a diferença no mundo é descobrirmos qual é a nossa missão. Definindo a nossa missão, precisamos criar a nossa visão de futuro, ou seja, olhar para o presente, tomar consciência de tudo o que acontece em nossa vida e depois olhar para o futuro a partir de toda a realidade que existe tanto no ambiente profissional quanto familiar e social, criando um plano de vida norteado pelo nosso propósito. Essa é a diferença entre os que triunfam e os anônimos.

Tenho uma história muito interessante que vivenciei em minha juventude e que nunca mais esqueci. No início dos anos 80, em plena ditadura militar, jovens idealistas que sonhavam com uma sociedade democrática, com a liberdade de expressão e com o respeito à pluralidade de ideias estavam sendo torturados, mortos ou exilados. À época, encontrei nos grotões desse maravilhoso país, enquanto viajava por aquela região fazendo palestras para jovens e alertando todos contra a alienação e a aceitação passiva do poder político daquela época, uma juventude – da qual fazia parte – contestadora daquele período. Ao deparar com uma família – um pai e cinco filhos – cuidando de sua lavoura com vários tipos de plantação (milho, arroz, feijão, legumes etc.), paramos para tomar água e dialogamos um pouco com seus membros. Enquanto conversávamos, perguntei ao pai, um senhor com cerca de cinquenta anos: por que vocês plantam? "Para comer", disse ele. E para que vocês comem? "Para viver". E para que vocês vivem? "Para morrer", concluiu ele. Fiz as mesmas perguntas a três dos cinco irmãos e as respostas foram as mesmas. O irmão mais velho inclusive argumentou: "vocês da cidade podem até pensar diferente, mas a vida se resume nisso". Para a realidade em que vivia aquela família, sem televisão, apenas com um *radinho* de pilha e sem nenhum contato com o que acontecia nas grandes cidades, a vida se resumia àquilo realmente. Não discordei de ninguém, mas aquilo me fez pensar no quanto estávamos atrasados enquanto nação. Aos poucos fui percebendo que, mesmo nas cidades, muitos viviam de acordo com o conceito daquela família. Passou o tempo, a ditadura acabou, vieram a modernização e a democracia e tudo evoluiu. Vivemos num país que, apesar de tantos maus exemplos dos que detêm o poder, a vida está muito mais fácil, pois estamos antenados com o mundo todo. Mas ainda existem muitos brasileiros vivendo como aqueles camponeses dos anos 80, isto é, engrossando as fileiras dos anônimos, de modo que muitos impedem que a sociedade brasileira supere as suas desigualdades sociais e continue sendo o país de terceiro mundo.

O que uma pessoa ganha vivendo sem nenhum propósito?

Todas as escolhas que fazemos, conscientes ou inconscientes, vão impactar as nossas vidas, gerando ganhos e perdas. Num trabalho em conjunto formando grupos com cinco pessoas, levantamos os ganhos e as perdas das pessoas que vivem sem propósito, bem como os ganhos e as perdas das que escolhem descobrir o seu propósito de vida e que vivem de acordo com ele. Depois de um longo debate, chegamos às principais conclusões:

Ganhos vividos pelas pessoas que não têm um propósito de vida:

Trabalham para comer, comem para viver e vivem para morrer.

Não vão ter que fazer muito esforço.

Não terão de trabalhar muito, pois fazendo para comer ou para satisfazer os desejos do momento estão contentes.

Não vão encontrar adversário, pois quem vive assim geralmente evita enfrentar situações polêmicas.

Não vão sofrer muitas derrotas, porque na verdade lutam por poucas coisas. Só experimenta as derrotas quem é mais idealista. Quanto maior for os teus sonhos, maiores são as chances de sofrer angústias, conflitos e derrotas. Entretanto, este tipo de pessoa viverá grandes emoções, realizações e alegrias.

O que elas perdem:

- Colhem migalhas da vida. Nunca terão abundância.
- Correm o risco de passar necessidades na fase adulta.
- Não conquistarão admiradores.
- Não realizarão grandes feitos.
- Terão de se conformar com as poucas possibilidades da vida.
- Não vão ter grandes momentos de paz e de alegrias.
- Estarão mais desmotivadas nos ambientes profissionais.
- Não crescerão profissionalmente.
- Não deixarão marcas.

O que vai ganhar quem decidir fazer a diferença vivendo a sua missão:

As pessoas que se colocam diante da vida cheias de sonhos e de metas, buscando os seus crescimentos pessoal e profissional e de acordo com os seus talentos, visando ao seu bem e ao bem das pessoas à sua volta, e, consequentemente, à melhora do mundo, são como estrelas que serão sempre vistas como uma luz a indicar caminhos aos seus semelhantes. Desta feita, serão sempre o modelo a ser seguido por todos que também têm ideais semelhantes. Portanto, os seus ganhos principais são:

- Uma profunda autorrealização.
- A autoestima estará sempre nutrida.
- Conquistarão a admiração e o respeito de muitos.
- Realizarão grandes feitos.
- Estarão sempre superando os seus limites e realizando novas conquistas.
- Viverão uma vida de abundância em todas as áreas da vida.
- Conquistarão seguidores.
- Contribuirão para a evolução do mundo.
- Terão muitos grandes amigos.

O que elas poderão perder?

- Muitas vezes serão incompreendidas.
- Poderão atrair adversários que se sentirão ameaçados por seu brilho.

- Sofrerão a angústia da espera do tempo certo para concretizar os seus sonhos.
- Dificilmente terão tempo ocioso.

Mas como se percebe, o que se ganha é infinitamente maior do que o que se perde. Muitas pessoas não pensam nisso, mas o ideal é que, antes de qualquer projeto, avaliemos os ganhos e as perdas. Qualquer decisão que valha a pena nos leva a ter mais ganhos do que perdas.

Exposto isso, a conclusão dos grupos foi: descobrir e viver o nosso propósito de vida é a melhor maneira de expressar o melhor de nós para o nosso bem, o de nossa família e o bem do mundo. É a forma mais eficiente de viver em plenitude, deixando a nossa marca na empresa e na história. Ótimo! Concordo com tudo isso. Vocês são muito espertos e perspicazes, em vista de que captaram logo, concluiu Vitor.

Viver o seu propósito profissional na prática: esse é o desafio de cada um de vocês, conscientes desses aprendizados.

A partir de agora é importante que cada um defina com clareza os seus propósitos de vida profissional e pessoal, ajustando os seus comportamentos a uma postura de liderança diferenciada. A partir de hoje, fica proibido exercer o poder que o seu cargo lhe garante, a fim de obrigar os seus liderados a fazerem as suas funções. É preciso conquistar o seu respeito pelo exemplo e pela força de seu caráter. Um líder consciente de sua missão na empresa e no mundo conquista a autoridade, e não o poder.

De acordo com James Hunter, autor do livro *O monge e o executivo*, a verdadeira liderança é baseada na autoridade, e não no poder.

O que é autoridade?

É a capacidade de fazer com que as pessoas realizem, "de bom grado", a sua vontade.

Característica: vou fazer isso porque é por você.

O raciocínio é o seguinte: não me é prazeroso fazer isso, mas pelo respeito e pela admiração que tenho por você me proponho a fazer.

A liderança baseada na autoridade gera admiradores e seguidores.

A autoridade é a essência da pessoa e está ligada ao caráter.

O líder que está vivendo a sua missão de forma congruente exerce uma liderança servidora, ou seja, a liderança baseada na autoridade é uma espécie de servir e dar suporte à equipe, a fim de que juntos possam atingir objetivos.

Não é usar do cargo para desfrutar de privilégios, mas estar no cargo para compartilhar serviços, a fim de atingir resultados satisfatórios para todos.

Jesus é o maior exemplo de liderança servidora da história. Ele instituiu a liderança servidora.

Princípios da liderança servidora, de acordo com o James Hunter:

- Amor

- Paciência

- Gentileza

- Humildade

- Respeito

- Altruísmo

- Perdão

- Honestidade

Abraço e palmada

Os líderes servidores eficazes possuem a extraordinária capacidade de demonstrar ao mesmo tempo um rigor implacável e uma afeição sincera.

Dado o exposto, são muito exigentes em sua busca por excelência, mas demonstram interesse e amor pelas pessoas. Sabem dar palmadas quando é necessário repreender, tal como abraçar quando estamos carentes. Assim terminou o minicurso para gestores. Àquela altura, nos tornamos grandes amigos. Ele nos revelou parte de sua história que nos deixou muito motivados. Como a sua história é um exemplo para todas as pessoas que desejam fazer a diferença no mundo, pedi autorização para escrevê-la e publicá-la. Assim busco contribuir para que os nossos profissionais tenham mais subsídios sobre os seus ensinamentos e para que eu ainda possa torná-la conhecida por aqueles que estão sedentos de orientações sobre como superar desafios e viver de maneira sábia a sua vida. Ele hesitou um pouco, mas aceitou. Por isso, tenho a honra de repassar na íntegra toda a história desse homem simples, sábio e profundo.

Lições de *coaching*

Conceito de *coaching*:

No vocabulário inglês, *coaching* significa "treinamento". *Coach*, treinador. *Coaching* é um processo de autoconhecimento e de autodesenvolvimento que visa à orientação individual e sistêmica. Uma relação de parceria que revela e libera o potencial das pessoas, de forma a maximizar o desempenho delas, com o objetivo de levá-las de um estado atual não satisfatório para um estado desejado no qual saiam realizadas.

O que você pode aprender deste capítulo para a sua vida cotidiana?

_____

_____

_____

_____

_____

Analisando o conteúdo do primeiro capítulo, o que move um vencedor a conquistar os seus objetivos?

_____

_____

_____

_____

_____

O que impede uma pessoa de ser vencedora?

_____

_____

_____

_____

O que as famílias e as empresas podem fazer para estimular os filhos e os funcionários a se interessarem mais por fazer a diferença no lugar em que atuam?

_____

_____

_____

_____

Capítulo 2

Nasce um vencedor

"A história tem demonstrado que os mais notáveis vencedores normalmente encontram obstáculos dolorosos antes de triunfar. Venceram porque se negaram a ser desencorajados por suas derrotas."

B.C. Forbes

Era início de primavera e os campos começavam a ser cobertos pelas mais variadas espécies de flores inventadas pela natureza e pelo criador. Da terra cultivada, brotavam as sementes que iriam produzir os frutos do futuro para alimentar a fome das pessoas. Os pássaros estavam em festa pela natureza renovada. A sequidão provocada pelo inverno cedeu lugar à nova vida brotada das árvores secas e da terra; agora molhada pelas chuvas que começaram a regar as terras do sertão. A sinfonia dos pássaros em festa anuncia um novo tempo de comida farta para todas as espécies de animais espalhadas pela natureza. As borboletas ajudam a colorir e a dar mais magia à primavera. O camponês renova a sua esperança com chuva farta e colheita abundante. Movido pela esperança renovada e sonhando com a colheita farta em breve, lança as suas sementes na terra cultivada. E assim, segue os seus dias cheio de entusiasmo.

Na política, pairava o advento da ditadura militar, que por sua vez veio, em seguida, arrasar com a liberdade e com os sonhos dos brasileiros. Numa casa de taipa, das mais humildes moradias da época, sem nenhuma infraestrutura ou condições de vida digna, fincada num dos grotões desse imenso país, nascia o quinto filho de uma família que já estava acostumada a conviver com a pobreza. Apenas duas coisas eram abundantes nessa família: a fé em Deus, que a tornava extremamente justa e confiante por dias melhores, e o amor entre eles. Esse amor tornava o sofrimento mais leve e fortalecia a união dos pais e dos filhos, multiplicando o pouco que possuíam para saciar e confortar as necessidades da família.

O pai, um senhor muito enérgico, bravo, exigente ao extremo e analfabeto da escola convencional, era um PhD da vida em termos de honestidade e de responsabilidade. Esses valores foram aprendidos em sua família de origem e o levaram a viver na íntegra com a sua nova família constituída, educando os seus filhos dentro desses valores.

A mãe, uma órfã de pai, era uma mulher doce e amável, de uma fé inabalável e com os valores muito parecidos aos do marido, haja vista que também tinha uma sabedoria e uma inteligência invejáveis. Neste particular, ela teve mais sorte, sobretudo graças ao seu tio e professor Júlio. Assim sendo, ela foi sua aluna e sugou dele tudo o que pôde para desvendar os segredos do conhecimento escolar. Na família, foi a educadora por excelência, ensinando os filhos a verbalizar e a escrever as suas primeiras palavras. Os quatro filhos pequenos ficavam alegres com a chegada de mais um irmão, mas mal sabiam eles que teriam que dividir o pouco de comida que tinham com mais uma boca que chegava, além de dividir também o seu pequeno espaço residencial. A filha mais velha, com apenas oito anos, era a responsável por ajudar a mãe a cuidar das crianças mais novas. Coitada! Foi uma pena, pois não teve infância. Em vez de brincar de bonecas, brincou de cuidar dos irmãos mais novos que despendiam muita responsabilidade!

Valores que norteavam a convivência da família:

Amor incondicional – Na sua mais simples forma de interagir em grupo, independentemente da dureza do pai e da doçura da mãe, tudo acontecia dentro de uma pureza de amor indescritível, seja na família ou com a vizinhança.

Honestidade – Os pais davam o exemplo e cobravam atitudes dos filhos. Caso tenha pegado emprestado, devolva. Se não é seu, não tome posse. Caso tenha prometido, cumpra. Esses discursos eram comuns no seio da família, logo, eram leis que os regiam.

Fé em Deus – A prática religiosa era uma norma rigorosíssima. Como diziam os pais: rezar é tão importante como comer. A comida sustenta o corpo. A oração alimenta a alma. A alma nutrida de Deus nos dá força e esperança para lutar por uma vida melhor. Quem não rezasse também não haveria de comer, dizia frequentemente o pai.

União – Individualismo nunca. Tudo era para todos. Já que tudo era escasso, aquele que possuía compartilhava para o bem de todos. A união torna o sofrimento leve e as alegrias mais contagiantes; profetizava, a mãe. O que cada um conquistava devia ser colocado em benefício de todos.

Respeito – Respeitar os mais velhos. Tratá-los de senhor e de senhora. Desobedecer aos pais jamais. Respeitar os espaços dos irmãos e das pessoas em geral. Não falar palavrão, não brigar entre irmãos e nem com os amigos. Tratar bem todas as pessoas, mesmo que elas nos tratem mal. Faça a sua parte, pois você é o responsável pelos seus atos, não pelos atos dos outros.

Solidariedade – Pensar no bem dos outros e ajudá-los sempre que possível eram também os conselhos, principalmente da mãe. A vida é difícil para muita gente. Assim, o que pudermos fazer para amenizar o sofrimento das pessoas ao nosso lado, devemos fazer. Deus tem um carinho especial pelas pessoas que fazem o bem, dizia frequentemente a mãe.

Trabalho – Quem não trabalhasse também não devia comer: essa era a máxima do pai. Provavelmente ele aprendeu isso do apóstolo Paulo que pregava assim aos seus fiéis e que assumiu, com muito rigor, essa máxima em sua vida de apóstolo. Para o meu pai, isso também foi muito rigoroso. Com sete anos, os meninos iam ajudar na roça e as meninas ajudavam a mãe em casa. E ai do filho que arrumasse desculpas para fugir do trabalho! O castigo era severo. A gente vence a pobreza com o trabalho, e não com moleza de vida, concluía o pai quando um dos filhos tentava fugir das obrigações.

Numa manhã da primeira quinzena do mês de outubro, a mãe, com fortes dores do parto, diz ao pai enquanto se aprontava para uma nova jornada de trabalho: "Vai correndo buscar a minha mãe porque a criança vai nascer". É claro que naquele tempo era impossível saber o sexo antes do nascimento. Sua mãe, uma parteira renomada, chega e carinhosamente faz o parto de mais um neto, que, para a alegria de todos, nasceu saudável e perfeito fisicamente. Era mais um homem a quem colocou o nome de Vitor. Apesar das preocupações dos pais sobre os cuidados com aquela criança, estavam felizes pela formosura e saúde apresentadas em seu corpo.

"Você foi uma criança muito tranquila e saudável, pois não deu nenhum trabalho, não ficava doente e só chorava quando estava com fome. Foi uma criança muito fácil de cuidar", disse várias vezes sua mãe ao longo da vida quando relatava a história dos primeiros anos de vida de seus filhos.

A sociedade da época

O Brasil ainda vivia a era agrícola. A maior parte da população estava no campo. Nas cidades maiores, começavam a surgir as grandes indústrias e o único veículo de comunicação de massa era o rádio. O rádio de pilha era o artigo de luxo dos ricos e dos pobres. As pessoas mais idosas dessa época achavam que o ser humano tinha ido longe demais, criando um caixote que falava sem ter ninguém lá dentro... Começavam a surgir as geladeiras, o fogão a gás e a televisão: eram privilégios de pouquíssimas famílias.

O tempo era de um atraso total, comparado com a realidade de hoje. O mundo tentava uma reconstrução para acelerar o progresso, sobretudo depois dos estragos da Segunda Guerra Mundial. Os ricos não tinham muito como ostentar a sua riqueza, a não ser pela casa grande e confortável, pelo automóvel de luxo, pelas condições dos veículos da época e por muita fartura de comida. Os pobres, representados pelos colonos da fazenda, tinham escassez de comida, moravam em casas muito simples e não possuíam nem terra e nem gado. Essas eram as principais diferenças entre os ricos e os pobres, fruto de um país subdesenvolvido.

A união do povo simples

A vida simples no campo e as dificuldades financeiras da maioria dos brasileiros no final da década de 50 faziam com que os agricultores encontrassem outras maneiras para cuidar da lavoura no tempo certo e da maneira mais eficiente. Com isso, criaram o chamado "mutirão", uma interessante moeda de troca entre os camponeses pobres, que, diga-se de passagem, eram a maioria. Os camponeses ficavam reunidos em mutirão e carpiam as plantações uns dos outros, a somar, sem ter que disponibilizar de pagamento, já que cada um pagava com a sua força de trabalho. Isso estimulava as famílias para que tivessem mais filhos, afinal, quanto mais filhos houvesse, mais fortaleciam os mutirões nas lavouras. Essa prática dava muito significado para os filhos, sobre a importância da união e da solidariedade.

A primeira infância

Vitor nasceu retirante, e, com apenas três meses de idade, já se tornou migrante durante a sua infância, de modo que a família se mudou para vários lugares buscando melhores condições de vida. Como colono de fazenda, o pai ia procurando na região fazendeiros que oferecessem melhores resultados para garantir o sustento da família que só aumentava em número de filhos. As melhorias de vida ficavam apenas na esperança que persistia sempre. Iludidos por falsas promessas de tantos fazendeiros, viraram migrantes, tal qual o povo de Deus que acompanhou Moisés em busca da terra prometida. Sua família fazia o mesmo, mas o que mais encontrava eram mentiras e decepções. A fé em Deus e a esperança por dias melhores davam forças para enfrentar as dificuldades. Nessa época, os seus avós com toda a família se mudaram. Como o clã era muito unido, aonde os avós iam, os filhos e netos acompanhavam. Desta forma, um deles comprou uma fazenda numa região distante dali e todos acompanharam para que trabalhassem juntos nessa fazenda. Lá o garoto ficou até os seis anos de idade. Foi um período bom de união da família, afinal, todos eram muito amigos. Mas as terras da fazenda adquirida não eram boas para a agricultura. Depois de muitas tentativas, os seus pais, os avós e os tios estavam novamente de mudança. Dessa vez, cada um se mudou para um lado, não foi possível todos seguirem os avós.

Nessa época, Vitor teve uma experiência que ficou marcada em sua memória para sempre. Seus pais estavam organizando as coisas para a mudança. Naquela tarde, que já estava escurecendo, sua mãe mandou o Vitor e a sua irmã mais velha buscarem uma galinha com pintinhos que estavam na casa de sua avó. À época, ele tinha seis anos. Ela, catorze. A avó morava a cerca de dois quilômetros dali. Quando se puseram a caminho, ela os advertiu: "Não deixem a galinha gritar que pode atrair o lobo e ele pegar vocês; e há muitos por aí". Já estavam com medo, com essa fala ficaram mais em pânico ainda, mas não podiam desobedecer a uma ordem dos seus. Mesmo morrendo de medo, foram. Na volta, Vitor, acompanhado da irmã, trazia a galinha com os pintinhos numa cesta coberta por um pano. Sua irmã o orientou: "Segura no pescoço da galinha para ela não gritar". Já estava escuro e tinham a sensação de que o lobo estava atrás deles. Isso o fazia apertar mais ainda o pescoço da galinha. Ele percebia que ela levantava a cabeça, se esticava, contorcia de todas as formas, tentando gritar, mas tal atitude o fazia segurá-la mais firme ainda, pois estava com o coração quase saindo pela boca de medo do lobo. Depois de um certo, tempo a galinha ficou calma e foi mais fácil transportá-la. Quando chegaram à sua casa, sãos e salvos do lobo, sua irmã colocou a cesta de pintinhos no chão e ele colocou a galinha também. Quando a colocou no chão, ela apenas deitou para o lado. Estava morta. Vitor enforcou e matou a galinha pelo medo que ficou do lobo. Foi um susto geral. Seus pais logo entenderam o que ele havia feito, e, em meio a risos e sermões, a história terminou bem, apesar da morte da galinha. Embora triste, foi uma história bem cômica. O medo do lobo foi tão forte que Vitor não teve consciência de que ela estivesse procurando respirar enquanto ele a enforcava. Ele carregou um sentimento de culpa por muito tempo por esse ocorrido...

A prática da espiritualidade

Todos os dias os filhos ficavam reunidos em volta da cama de seus pais para rezar o terço. Vitor conserva em sua memória a voz rouca e mansa da mãe que rezava aqueles intermináveis terços, fazendo-os repetirem suas rezas. Caso algum dos filhos, cansado, começasse a cochilar, era despertado com o beliscão doído e amoroso da mãe. Quanta pureza havia naquelas cenas! Nessa época, o homem podia confiar em Deus para conseguir de tudo; até fazer chover no tempo certo. Quando a falta de chuva começava a castigar a plantação, as famílias ficavam reunidas nas capelas da roça para pedir chuva a Deus. Vitor, que mal podia andar direito, ia junto com os irmãos mais velhos caminhando até o morro mais alto onde ficava uma cruz. Cada um com uma garrafinha de água para molhar o cruzeiro. "Não sei se era impressão minha, se era real ou se a chuva estava próxima mesmo, o interessante é que normalmente logo a chuva caía. Bons tempos", conclui Vitor.

Lazer

O que fazer para uma família pobre na zona rural ter lazer em plena década de 60? Realmente muito pouco se podia, comparado à realidade atual. Mas as famílias, apesar do pouco poder aquisitivo, encontravam formas de celebrar a vida nos momentos livres. Durante a semana, era trabalho duro na lavoura. À noite, em volta da lamparina, os pais distraíam todos os filhos contando as suas histórias de crianças e de jovens solteiros. Suas histórias marcaram a vida dos filhos. A mãe falava sobre a sua infância feliz junto com as primas, com os tios, com os irmãos e com a mãe. Da maneira como ela contava, dava para imaginar o quanto ela era feliz, apesar de pobre e órfã de pai. Falava muito sobre o seu amor pelos animais e sobre o seu encantamento por crianças, além de sua sede de aprender na escola de seu tio e professor Júlio. Vitor acredita que a sua sede por escola foi estimulada pelas histórias da mãe sobre como ela se apegou ao tio para explorar a sabedoria dele.

As histórias de seu pai eram de um menino judiado pelo próprio pai, o filho mais velho de sete irmãos, e que não teve infância. As suas brincadeiras eram ao lado dos bois que tinham que tocar, ora no carro de boi, ora arando terra para plantar. Para descansar, ia brincar com os porcos, enquanto servia a refeição deles. As histórias de seu pai eram de um menino triste e magoado com um pai que não demonstrava nenhum afeto, mas apenas cobrança por trabalhos e mais trabalhos. Isso fez dele um homem sério e carrancudo. Era muito amoroso, mas não sabia expressar o seu amor aos filhos. A coisa mais rara era ver o pai de Vitor dar uma boa gargalhada. Suas histórias oscilavam entre o seu tempo de menino e o de rapaz, como filho obediente e trabalhador. Para ensinar os seus filhos a serem corajosos, ele gostava de contar as suas histórias de assombração. Ele é o cara mais corajoso que Vitor conheceu. Quando falava das casas "mal-assombradas" que ele dormia sozinho, ou, enquanto andava à noite a cavalo, eram histórias aterrorizantes e que deixavam todos arrepiados só de imaginar as cenas. Nas noites de histórias de terror, Vitor não conseguia dormir e fazia xixi na roupa de tanto medo. Isso fez com que as pessoas fossem medrosas. Apesar do lado negativo das histórias de terror de seu pai, era uma experiência muito boa. O tempo em que a família toda se juntava, graças à falta de opção à noite e à beira da lamparina que liberava sua luz, fazia com que todos se achegassem, até porque fora dali era um escuro total. Juntos tiravam as suas dúvidas de crianças, havia grandes diálogos e ouviam os conselhos dos pais. Aquele aconchego e as energias de amor que emanavam de todos criavam um ambiente abençoado. Quando o horário estava próximo das oito e meia da noite era o momento de dormir. Iam todos para a cama dos pais para rezar juntos. "A família que reza unida, permanece unida e abençoada", dizia frequentemente a sua mãe. Sábias palavras...

Nos fins de semana, o lazer era dividido entre ir para as casas dos vizinhos que tinham rádio para ouvir os programas sertanejos da época e a missa que era transmitida pelo rádio. Com a vizinhança, era uma amizade perfeita, havia muita solidariedade, a reforçar, os que possuíam mais dividiam com os que estavam em falta.

De tempos em tempos, iam para a cidade passear na casa dos avós paternos. Era o passeio que os filhos mais amavam: achavam o máximo ir para a cidade, ver os carros passarem na rua e estudar os tipos de carros que existiam. Os motoristas daqueles carros mais bonitos pareciam deuses intocáveis, alguém que estava muito acima deles, pobres caipiras. A avó de Vitor, uma mulher adorável, era uma cozinheira de mão-cheia e tudo que fazia tinha um sabor especial. Seu avô, um sofredor como o seu pai, era vendedor ambulante, vendia basicamente queijos, frango caipira e cobertas feitas pela avó, que era tecedeira. Uma cena que marcava muito o Vitor era a sua chegada à casa deles: seu pai ia na frente, tomava bênção de sua avó, pegava a mão dela e beijava. Depois, ia ao encontro de seu avô e fazia a mesma ação. Com o maior respeito, pegava na mão do avô, beijava e pedia as suas bênçãos. Vitor, do seu canto, ficava pensando como um filho que foi tão judiado pelo pai pode ter tamanho respeito e amor...

Apesar da pobreza e da vida simples, era uma família feliz. Com muita frequência, Vitor via a sua mãe fiando, numa roda tocada com os pés, transformando algodão em fios para tecer cobertas. Enquanto fiava, cantarolava suas músicas, ora músicas religiosas, ora músicas sertanejas de cantores da época. Era muito prazeroso vê-la cantando e trabalhando, pois isso enchia o coração de Vitor, que era muito amoroso, de alegria. Muitas de suas músicas ficaram ancoradas em sua mente. Quando as ouve hoje, passa um filme daquela época e a emoção logo é aflorada. "Como é bom ter essas experiências de família presentes em nossa história", dizia Vitor.

A melhor bebida do mundo!

Assim, se era muito prazeroso passear na cidade, na casa dos avós, voltar para casa, na roça, era muito ruim. Grosso modo, o grande sonho de Vitor era um dia ficar de vez na cidade. O transporte que trazia para a cidade e que levava a família para a roça era uma velha jardineira ou um caminhão que buscava leite nas fazendas. Numa manhã de segunda-feira, era mês de junho, fazia um frio congelante, e, claro, o seu agasalho era insuficiente para a autoproteção, além disso, Vitor não tinha nem calçado adequado, e sim um chinelo que o protegia do chão gelado. Enquanto aguardava a condução, o mercado municipal, que ficava ao lado do ponto de ônibus, foi aberto. Seus pais levaram os filhos para tomar alguma coisa para esquentar, serviu-lhes uma bebida tão deliciosa quanto desconhecida até o momento, era um tal de chocolate quente. Aquela bebida parecia mágica, pois nela havia um sabor indescritível que proporcionou nele, Vitor, um aquecimento, gerando uma sensação de prazer tão forte que imediatamente afastou a tristeza que habitava em seu coração. Ficou feliz e maravilhado, além de muito grato por aquele presente genuíno de seus pais. "Aquela experiência foi tão marcante que até hoje, depois de mais de 40 anos, toda vez que passo em frente ao mercado municipal vejo o local onde foi servida aquela delícia e passa o mesmo filme daquela experiência em minha mente", falou emocionado o nostálgico Vitor.

Crenças ensinadas pelos pais:

- Só vencemos a pobreza com trabalho.

- Não adianta ficar resmungando e esperar as coisas caírem do céu. É preciso agir.

- Pobre deve se unir aos pobres para adquirir força.

- A maioria dos ricos é egoísta e não gosta de ajudar os pobres.

- A gente tem que ter um porquê na vida.

- Se a gente não tiver fé, não consegue nada na vida.

- Ser pobre não é defeito. Defeito é ser desonesto.

- O pouco com Deus é muito.

- Quem quiser colher alguma coisa tem que plantar.

- Dinheiro é coisa suja. Quem é rico não vai para o céu.

Essas crenças determinaram a sua vida e a de todos os seus irmãos. Eles seguiam rigorosamente essas crenças. Muitas delas fizeram com que Vitor e os seus irmãos crescessem e prosperassem, mas algumas fizeram com que ficassem limitados, e, em alguns momentos, travados. Elas e os valores que aprenderam de seus pais influenciaram todas as suas vidas. Tudo o que são devem, em grande parte, às bases de crenças e de valores que os seus pais os ensinaram, tanto do lado positivo com as crenças motivadoras, como do lado limitador, com as crenças limitantes. Elas foram as suas bases.

Lições de *coaching*

Embora a sua origem fosse muito simples, ela tinha muito a nos ensinar sobre como constituir uma família, educar filhos, criar uma empresa e liderar pessoas com eficiência. Vamos refletir sobre as lições de sua família que são tão necessárias hoje em dia.

Como constituir uma família ou empresa bem-sucedida:

Os seus pais ensinaram que é preciso ter maturidade e responsabilidade com as suas decisões.

- Ter firmeza de propósito.
- Equilibrar firmeza e amor, seja na educação de filhos, seja na gestão de pessoas da empresa.
- Ter regras claras e ser fiel ao cumprimento delas.

As crenças e valores dos pais tornavam muito claro como eles e os filhos deviam viver.

Eles conseguiram compatibilizar a dureza das exigências do pai com a ternura e a compreensão da mãe. Embora a mãe fosse boazinha, ela não contrariava as ordens do pai, apenas colocava de uma forma suave e motivadora, sem abster de seu papel de educadora em primeiro lugar.

Hoje, mais do que nunca, em meio a tantas crises de valores e de autoridade, o exemplo do Sr. João e de Dona Maria é muito moderno. Ambos ensinam que é preferível pecar por excesso de firmeza na cobrança de atitudes dos filhos a pecar por omissão. Deixar muito à vontade gera filhos acomodados e colaboradores omissos na empresa.

Lideravam pelo exemplo; os pais ensinavam as suas regras de convivência e davam o exemplo rigorosamente. O bom líder hoje é aquele que assume o seu papel de orientar, de delegar e de fazer junto, sendo um modelo inspirador para os seus liderados.

Agir com amor e por amor; seus pais pregavam que não se podia fazer as coisas por obrigação apenas. Era preciso fazer com amor e pelo amor. Ou seja, fazer com a mente e o coração cada ação, pensando no bem de quem iria se beneficiar com aquele ato.

O líder deve ter essa visão holística e sistêmica, compreendendo o poder das ações feitas dentro dessa perspectiva.

Agora é com você: o que aprende deste capítulo para as suas vidas; a pessoal e a profissional?

_____

_____

_____

_____

Qual a relação que você faz dessa história com a de sua família no seu nascimento e primeira infância?

_____

_____

_____

_____

Quais são os valores mais importantes de sua família?

_____

_____

_____

_____

_____

O que você acha que faltou nesse período de sua infância?

_____

_____

_____

_____

_____

O que essa história te ensina?

_____

_____

_____

_____

_____

O que você vai parar de fazer após esse aprendizado?

_____

_____

_____

_____

_____

_____

O que vai continuar fazendo que tem a ver com as ideias aprendidas aqui?

_____

_____

_____

_____

O que vai começar a fazer e que não estava fazendo?

_____

_____

_____

_____

_____

Capítulo 3

O despertar de um grande sonho

"Nada de muito importante acontece sem um sonho. Para que algo realmente grande aconteça, é preciso que haja um sonho realmente grande."

Robert Greenleaf

A vida no campo transcorria normalmente e sem muitas novidades. Quanto mais Vitor crescia, mais se dava conta de que eram diferentes em relação a outras famílias que tinham um pouco mais de posse. Seus brinquedos eram criados por ele mesmo, aliás, nunca ganhou brinquedos do papai Noel. Os carrinhos quebrados que Vitor encontrava no lixo quando ia passear na cidade, ele levava e reformava para brincar lá na roça. Fazia carrinho de boi usando tábuas velhas, ao passo que os bois eram feitos de sabugo de milho. A falta de ter com o que brincar o fez despertar a criatividade e a inteligência para criar possibilidades. Tais ações o levaram a desenvolver sua criatividade: esse foi o lado positivo da experiência. As brincadeiras de criança, enquanto morava no campo, contribuíram muito para a formação de sua personalidade. Brincar de subir em árvores para apanhar manga, goiaba, jabuticaba, laranja e abacate era muito divertido... Quando a sua mãe pedia para ele subir em alguma árvore para colher frutos para a família, dizia que se sentia útil e importante. O campo era o seu imenso jardim, ele e seus amigos brincavam de fazer cavernas, caçar passarinhos e os maiores serviam para enriquecer a alimentação da família, enquanto que os menores soltavam. Correr nos campos, subir em árvores, nadar nos riachos, pescar lambari, fabricar os seus próprios brinquedos: tudo fez dele uma pessoa amante da liberdade. Nunca gostou de trabalhar de empregado, no que se refere a ficar preso numa mesma atividade e com horário fixo de trabalho. Isso sempre o entediou. Hoje ele sabe que tem a ver com a forma como viveu sua infância.

A consciência de classe social

Certa ocasião, Vitor foi brincar na casa de um amigo. O amigo era filho do fazendeiro, que era patrão de seu pai. Seus pais não gostavam de vê-lo brincar com os filhos de ricos, pois tinham medo de que Vitor cobiçasse os seus bens e se revoltasse por não possuir nenhum. Mas esse menino era muito bonzinho, não tinha preconceito contra pobres e frequentemente ficava em sua casa para brincar com Vitor. No dia em que ficou brincando na casa desse amigo, ocorreu uma chuva muito forte. Depois da chuva, o seu irmão mais velho foi buscar o Vitor para levá-lo de volta para sua casa. Quando chegou à sua casa, sua mãe, com cara de choro, estava tirando o colchão molhado para fora e raspando água de dentro dos quartos. Espantado, perguntou à mãe o que havia acontecido, e, com um olhar de tristeza, ela respondeu: "Você não viu a chuva forte que deu? Ela entrou pelas telhas quebradas e molhou tudo aqui dentro". E o filho indagou: "Mas mãe por que lá na casa do meu amigo não choveu nada dentro de casa, interrogou ele"? "Porque eles são ricos e têm casa boa. Nós somos pobres e não temos condições de morar numa casa igual a deles". Vitor ficou triste também e começou a sofrer a dor da mãe. Assim, foi logo arrumando um jeito de ajudá-la, a fim de amenizar o seu sofrimento. Naquela noite, mal dormiram porque tudo estava molhado.

Nós somos pobres e eles são ricos: essa frase ficou martelando na cabeça de Vitor por muitos dias. Agora estava começando a entender melhor por que seus pais não queriam que Vitor ficasse junto dos ricos. Eles tinham roupas bonitas, brinquedos maravilhosos e muita comida gostosa, além de uma casa grande e arrumadinha, cheia de móveis bonitos. Na sua casa, não havia nada daquilo. Ficou pensando inclusive na delícia de bolo que comeu na casa de seu amigo rico. Nunca tinha comido um bolo tão delicioso. Era de farinha de trigo, mas era marrom. Só mais tarde foi saber que era de chocolate. Nessa ocasião, ele já tinha oito anos.

A tomada de atitude

No dia seguinte, Vitor tomou uma decisão: perguntou à sua mãe o que era preciso fazer para ser rico como o pai de seu amigo. Ela respondeu: "É preciso estudar muito para conseguir um bom emprego e ter um bom salário". "Então, é isso que vou fazer. Quero estudar muito, arrumar um bom emprego quando crescer e tirar a nossa família dessa situação", afirmou ele. Pediu à sua mãe para colocá-lo na escola, mas, decepcionada, ela disse que naquela região não havia escola. No entanto, em comum acordo com o seu pai, já estavam pensando em se mudar para um lugar que tivesse escola, pois nenhum dos seus irmãos mais velhos estudava. Já que não tinha outra opção, pediu à sua mãe para comprar um caderno e um lápis para que ele pudesse aprender a escrever. Mais do que depressa ela atendeu à sua solicitação. Passava o A, E, I, O e U para exercitar. Rapidamente ele fazia tudo e sempre com o melhor capricho possível. À medida que ia se desenvolvendo, ela ia ensinando outras coisas que possuíam o poder de deixá-lo cada vez mais encantado com a beleza de aprender a ler e a escrever. Quando esgotava a criatividade da mãe sobre o que mais ensinar, ele ia copiando tudo o que via escrito pela frente nas embalagens de produtos que havia em casa.

Nessa época, ele também já trabalhava na roça com os irmãos e com o pai. Com oito anos, já era hora de começar a trabalhar, na concepção de seu pai. Aprendeu a apanhar café – catar do chão os que caíam –, tratar dos animais, porcos e galinhas, e carpir. Vitor detestava a experiência de trabalhar na roça, mas não tinha outra opção. Aos oito anos de idade, ganhou de seu pai uma enxadinha e um chapéu para ficar mais firme nos trabalhos do campo. Agora ele já tinha forças para puxar uma enxada, dizia o seu pai. Segundo Vitor, esse foi o pior presente de toda a sua vida. Quanto mais ele trabalhava na roça, mais desejava estudar para não ter que fazer aqueles trabalhos horríveis por muito tempo.

Certo dia, cansado daquela vida que levava, Vitor e Antônio, seu irmão mais velho, reclamaram para a sua mãe que não estavam aguentando mais trabalhar daquele jeito, pois o seu pai só cobrava e tudo o que faziam era pouco. Estava sempre cobrando mais, sem reconhecer e valorizar os seus esforços. A mãe, em sua amorosidade, teve compaixão de seus filhos e disse: "Pode deixar que vou falar com ele para ter mais paciência com vocês". Ficaram aliviados, aguardando a defesa da mãe. Naquela mesma noite, depois da oração costumeira, cada um foi para a sua cama dormir. Vitor e Antônio dormiam juntos na mesma cama, já que eram muitos filhos morando em casa pequena. De repente, Antônio cutuca o Vitor, que já começava a adormecer, e diz: "Escuta, minha mãe está falando com o pai". Nosso coração começou a disparar, ora de alegria, ora de medo. Não dava para ouvir direito, mas percebiam que o seu pai alterava a voz, parecendo muito bravo. Até que a conversa cessou. Naquela noite, mal dormiram de medo da reação do pai. No dia seguinte, seu pai chegou à porta de seu quarto e disse aos dois filhos reclamões: "Venham aqui, vocês dois". Eles estavam ainda deitados, levantaram correndo e foram até a porta em que o pai estava. Chegaram trêmulos de medo e olhando para o chão. Seu pai, num tom bravo, disse aos dois: "Olhem para mim"! Em seguida, apontando o dedo indicador para seus rostos, bradou: "Sua mãe me falou que vocês estão reclamando da minha dureza com vocês. Eu só vou lhes dizer uma coisa: vocês têm que dar graças a Deus de serem meus filhos. Se vocês fossem filhos do meu pai, aí vocês iam ver o que é ser filho de pai bravo!".

Ficaram mais chateados ainda, mas aos poucos foram compreendendo que o pai estava certo: se tivessem sido filhos de seu avô, realmente teriam sofrido mais. Embora magoados, aceitaram que o pai estava certo.

A mudança para a cidade

Cerca de um ano depois, seu pai ficou ausentado de casa por uns dois dias para procurar "colocação", nome que se dava a quem buscava um novo lugar para morar na cidade, para colocar os filhos na escola. Esperavam ansiosos pela notícia da nova morada. Quando o seu pai chegou, veio a confirmação: a casa estava arrumada. Vamos para a cidade, disse o pai!

Era fim de inverno, todas as colheitas estavam terminadas, a seca e o sol castigavam os campos, mas já havia alguns pequenos sinais da primavera que sinalizavam a sua chegada. Coincidência? Vitor nasceu no início da primavera. A mudança para a cidade também ocorreu na primavera. Tal qual a esperança de novos frutos no campo com as flores que se despontavam, era também a sua grande esperança de realizar tantos sonhos na cidade. Sua alma estava em êxtase. Sua vida ia mudar, pensava Vitor.

O dia da mudança

Todos unidos, desmontando os poucos móveis que possuíam, e juntando porcos, galinhas, sacos de milho, café, feijão e restos da colheita que haviam guardado. Glorinha, sua irmã mais velha, olhando para o Vitor, que por sua vez estava extasiado de felicidade com a novidade, enquanto passava roupa sob uma prancha de madeira enorme com um ferro de passar aquecido à brasa, perguntou a ele, suspirando profundamente como alguém que estava com o coração na mão de medo por enfrentar aquela situação nova: "O que será de nós lá nessa cidade, Vitor?". Mais do que depressa ele respondeu: "Pode ficar tranquila, pois nós vamos ser muito felizes", declarou Vitor imediatamente. Ela já era adolescente, com seus 16 anos, e analfabeta, porém muito vaidosa, adorava a auto-observação na sombra da água do riacho para arrumar o seu cabelo quando voltava da roça, a fim de não estar tão desajeitada, caso cruzasse com algum rapazinho pela estrada.

O caminhão veio da cidade para buscar a mudança. Uma mudança muito confusa para os olhos de hoje. Cacarecos de móveis misturados com lenha e sacos de café, arroz e feijão misturados com gente e galinha. Próximo à cidade em que iam morar, um galo pulou fora do caminhão e saiu correndo pasto afora. O motorista parou o caminhão e desceram todos para pegar o galo fujão. A cena foi bem pitoresca. O trabalho de nada adiantou. O galo embrenhou pela mata adentro e não houve jeito. Seguiram viagem com "um filho" a menos.

Vencendo a última subida antes da cidade, Vitor já avistava a sua atual morada. O seu coração bateu mais forte e um filme maravilhoso começou a ser formado em sua mente: escola, estudo, trabalho na cidade, bom emprego, o fato de ser respeitado e admirado, ser inteligente, próspero, muitos amigos, família feliz, casa bonita, móveis bonitos, namorada legal, casamento, filhos...

Chegaram à nova morada. Tratava-se de uma casinha de três cômodos minúsculos: sala, cozinha e um quarto. A família completa eram nove pessoas e é claro que a essa altura já tinham nascido outros dois filhos. Não havia banheiro, apenas uma privada no fundo da horta. O banho era tomado na bacia, mas não era novidade, afinal, na roça era assim também. Estava bom demais, pois agora eram cidadãos. Vitor era o tão sonhado menino da cidade, e não era mais da roça, caipira, como chamavam os meninos da cidade onde morava a sua avó.

A vida na cidade

No dia seguinte, curioso, Vitor passou a olhar a rua e as casas à sua volta, marcando território. Sua mãe, que era muito boa de prosa, foi logo puxando papo com uma vizinha, haja vista que o quintal dela era separado do seu apenas por uma cerca de arame. A vizinha, muito simpática, depois de saber quem eram os seus novos vizinhos e de onde vinham, ficou à disposição para ajudar a esclarecer as suas dúvidas em relação à cidade. Curioso, logo Vitor perguntou se na casa dela tinha fogão a gás, geladeira e televisão: coisas que ainda não faziam parte de seu mundo. Tenho, disse ela com uma cara de espanto por se tratar de uma coisa tão comum a ela e tão nova para eles. Vitor pediu para que ela mostrasse. Ficaram encantados com aquelas facilidades que a geladeira e o fogão a gás proporcionavam. Não precisavam ir ao mato procurar lenha para levar para casa para cozinhar: coisas que faziam com frequência lá na roça e que teriam de fazer na cidade com muito mais dificuldade. Poder fazer suco geladinho com o gelo que a geladeira produzia. A televisão que enchia os olhos de tantas novidades. Quanto encantamento com essa nova realidade. Vitor pensava: não temos nada, caso comparado àquela família, mas era por enquanto, ou seja, com estudo e trabalho vou conseguir tudo aquilo para a minha família. Mais tarde, o seu pai reuniu a família em torno de si e disse: "Aqui não é igual na roça, tudo é comprado: laranja, banana, manga, casa, água... Há luz elétrica, mas não é de graça; apesar de que na sua casa ainda não tinha energia, em vista de que a lamparina continuou. Portanto, disse o seu pai: todo mundo vai ter que trabalhar para ajudar em casa. Os mais velhos vão comigo para a roça e os menores arrumam alguma coisa para vender na rua aqui na cidade. Assim se fez. Sua irmã mais velha arrumou emprego de doméstica, a mais nova ajudava a sua mãe, os outros irmãos mais velhos foram trabalhar na fazenda da região com o pai e Vitor, por ter que estudar de manhã, teve a sorte de ficar na cidade. Vitor logo arrumou um serviço de vendedor de verduras na rua. Quando não tinha verdura, vendia picolé. Todo dinheiro que ganhava dava para a sua mãe; pessoa que controlava a economia da casa. Era uma ajudinha para comprar comida.

Enfim, na escola. O primeiro grande sonho realizado

No início do ano seguinte, a sua mãe matriculou os filhos na escola. Os mais velhos à noite, no Mobral – movimento brasileiro de alfabetização. Os mais novos foram para aula cedo, como costumavam dizer. Vitor era o menino mais feliz do mundo. Nos primeiros dias de aula, ficava tão encantado com a escola que chegava a sonhar com as aulas. A professora era linda e muito amável e que tratava a todos como filhos. Quanto aos seus colegas de sala, havia gente de todo tipo, isto é, meninos ricos e outros que não pareciam ricos, mas tinham condições melhores do que a sua. Eles levavam lanches deliciosos em suas lancheiras coloridas. Iam com roupas bonitas e de tênis. Ele, Vitor, ia descalço, às vezes de chinelo, de modo que as suas roupas eram completamente diferentes e inferiores. Pensava no conselho de sua mãe: menino pobre não deve ter muita intimidade com os meninos ricos para não sofrer. Mas alguns pareciam tão legais. Ele foi matriculado na caixa, uma espécie de bolsa de estudo para quem era pobre. Os alunos da caixa tinham sopa e ganhavam cadernos e lápis. Embora isso fosse positivo, pois era uma chance de poder estudar, ficavam rotulados como os alunos pobres. Assim, teve dificuldade e não se soltava, sentia-se discriminado, inferiorizado. Ficava sempre quieto no seu canto. Com isso, não conversava e nem respondia presença em sala de aula por ter vergonha. Vitor sentia que era excluído ou que ele mesmo se excluía.

As primeiras decepções

Bastou algum tempo de escola para que os meninos mais metidos percebessem que Vitor era da roça e começassem a apelidá-lo de da roça, caipira... Criticavam o seu jeito de falar, de vestir e até de andar. Por conseguinte, Vitor sofreu muito com tanto *bullying*. Sua professora repreendia esses alunos e o acalentava dizendo: "Não fica triste, Vitor. Você pode ser da roça e não falar direito, mas você é muito inteligente! Vai ser um grande vencedor". Aquilo enchia o coração de Vitor de esperança e de encorajamento e dava mais ânimo para continuar alimentando os seus sonhos. Logo foi virando o melhor aluno da sala, pois possuía as melhores notas e as melhores redações. Diante das críticas de seus colegas e do apoio da professora, tomou uma decisão: "Eu posso ser caipira e falar errado, mas eu vou ser o aluno mais inteligente da sala". Assim se fez, quanto mais o tempo passava, mais ele se revelava. Embora tímido e complexado, não escondia o seu deslumbramento pela escola e pelos estudos.

Sinais de visão de futuro

Certo dia, a querida professora, Dona Itamar, perguntou na sala: "O que vocês querem ser quando crescer?". Cada um respondia uma coisa. Vitor, para variar, ficou quieto no seu canto. "E você Vitor, o que vai ser quando crescer?". Ele, que já estava com a resposta na ponta da língua esperando um momento de coragem para revelar, foi surpreendido e encorajado com a pergunta da professora. Todo vermelho de vergonha e com a voz trêmula de emoção disse: "Eu quero ser uma pessoa tão importante na ajuda aos pobres que daqui a duzentos anos ainda vou ser lembrado pelas pessoas". Um silêncio pairou sobre a sala. Todos o olharam. Neste momento, algo dentro de si dizia: como que um menino bobo e pobre pode ter tamanha audácia? Coitado! Ele não sabe o que diz, dizia uma voz lá dentro dele. "Muito bem, Vitor, interrompeu o silêncio a professora tecendo vários comentários elogiosos sobre a sua resposta.

O ano passou e ele foi o melhor aluno da sala, recebendo presentes da professora como prêmio: um livrinho de histórias dos *Flintstones* e uma linda caixa de lápis de cor com vinte e quatro cores diferentes. Nossa! Que felicidade! Em casa que estava complicado, eram muitas bocas para comer, pois o que os adultos ganhavam na roça era muito pouco, não estava dando para as despesas. Se na roça não comiam bem, na cidade estava pior, uma vez que às vezes tinham que se contentar com apenas uma refeição por dia. Isso fazia Vitor insistir mais ainda em arrumar trabalho. Um dia viu um menino engraxando, pediu orientação, fabricou uma caixa de engraxar e foi engraxar sapatos também. Nos fins de semana, ele engraxava. Durante a semana, vendia verduras e picolés. E assim iam driblando a miséria. Além dessas atividades, começou também a ir com um amigo recém-conquistado caçar no lixão da cidade arame de cobre e alumínio para vender. Vitor levava muito a sério esses desafios para garantir a sua permanência na cidade, ao passo que tinha muito medo de ter que voltar a se mudar para a zona rural novamente.

As surpresas desagradáveis do segundo ano primário

No segundo ano, Vitor foi para uma sala terrível, na qual só havia alunos mais pobres e muitos deles cheios de problemas e bagunceiros. No começo, ele achou que ia ser bom, mas os seus colegas de sala não queriam saber de nada. A maioria deles só bagunçava e não se interessava em aprender. Quem ficasse quietinho e interessado em aprender recebia elogios da professora; caso, esse, de Vitor. Entretanto, os outros ficavam com raiva e começavam a querer bater nele na rua. Vitor era apelidado de "queridinho da professora". Várias vezes teve que voltar correndo da escola com medo de apanhar.

Até que um dia o seu colega de sala, que morava perto de sua casa, começou a protegê-lo. Ele se chama Donizete e era maior do que o Vitor e muito corajoso. Um dia ele falou na sala: quem mexer com o Vitor mexerá comigo também. Por muito tempo, Donizete foi o seu protetor. Porém, Vitor estava muito infeliz naquela sala. Até que um dia, cerca de uns quatro meses depois, foi convidado a sair daquela sala. Vitor foi para outra sala, a sala da Dona Evanir Kirchner. Por incrível que pareça, a maioria de seus colegas de primeiro ano estava lá e ele foi muito bem acolhido. A Dona Evanir era maravilhosa também, era igual à Dona Itamar.

Naquele ano, continuou sendo o aluno de sempre, surpreendendo cada vez mais e sendo o destaque como o melhor aluno da turma. Passou a vida inteira sem entender por que o colocaram naquela sala. Só agora, trinta anos depois, a Dona Itamar, que sempre acompanhou a sua evolução, confidenciou: "Talvez você não tenha ficado sabendo, mas quando você foi para o segundo ano te colocaram na sala dos meninos pobres. Tentaram tirar você da minha sala, que era só de alunos ricos, e eu não deixei. Depois tive que brigar muito para te tirar daquela sala ruim que você estava. Com muito custo conseguimos levar você para a sala da Dona Evanir". Vitor ficou muito surpreso e muito mais agradecido com a sua amada Dona Itamar.

Os dois amigos inseparáveis que conquistou

Nessa época, Vitor já estava se soltando mais, fazendo muitos amigos na escola, apesar de ainda ser muito cauteloso para não sofrer com as críticas. Já estava um pouco mais esperto e tinha conquistado o respeito dos colegas de sala devido à sua inteligência que constantemente atraía os elogios das professoras. Vitor apenas evitava conversar com as meninas, pois se sentia muito inferior aos outros meninos da sala que eram bonitos, bem cuidados, ricos... Em suma, que menina se interessaria em ter amizade comigo, pensava ele...

Duas grandes amizades foram sendo firmadas ao longo dos estudos e de sua vida. O Moisés, um dos amigos, era muito otimista, corajoso e animado. Pedrinho, o outro, mão de vaca; tinha esse apelido por ser muito pão-duro, pois ele era pessimista e medroso. Ambos estavam sempre do seu lado. Frequentemente os dois entravam em atritos porque pensavam muito diferente. Vitor era mais atraído pelo otimista, mas o outro era mais realista e o ajudava muito também. Com a ajuda dos dois, Vitor foi buscando um posicionamento na escola. O pessimista ajudava a não se expor muito e a ser mais discreto e cauteloso porque numa sociedade cujos bens da pessoa definem o seu valor e o poder, o filho de lavrador, mesmo calado, ainda podia estar errado, pensava. Não devia mexer com os filhinhos de papai que eram os protegidos da diretora. Quando eles não gostavam de um colega, inventavam histórias dele só para ser punido na diretoria. Várias vezes Vitor viu amigos recebendo altos castigos da direção sem merecer. Isso o revoltava muito e reforçava a crença que aprendera em casa: pobre tem que se relacionar com os pobres, não devem se misturar com os ricos, visto que eles estão acima de nós. Isso também reforçava o seu esforço por ser o melhor aluno da sala, para impor um pouco de respeito pela sua inteligência, porém, mais ainda, para ser alguém na vida. Não queria ser rico por medo de virar um chato e insensível, mas queria ser bem de vida e tirar a sua família de tanta humilhação. É claro que não eram todos os meninos ricos que funcionavam assim, mas acabou tendo certo preconceito e generalizando, sobretudo graças à crença recebida em casa.

Por outro lado, o outro amigo otimista não dava muita atenção aos obstáculos. Ele dizia sempre: "Pare de ficar encanado demais. Relaxe! Olhe o lado bom das pessoas. Ninguém é melhor do que ninguém. Todo mundo tem valor. Você é o mais inteligente da sala. Esses riquinhos não são de nada. O que eles têm não são deles, e sim de seus pais. O que você tem é mais importante do que os bens deles. Com a sua inteligência, você vai poder conquistar tudo o que eles têm hoje. Se você continuar se esforçando na escola, um dia você poderá ser o chefe de muitos deles, já pensou nisso?". Nossa! Isso também o enchia de entusiasmo.

As brincadeiras na cidade

O tempo foi passando e ele foi ficando com saudade das brincadeiras da fazenda. Na cidade, tudo era bem diferente. Lá na roça tinha todo o campo à sua disposição. Na cidade, apenas pequenos quintais. Com isso, havia uma saudade de árvores amigas que tinham galhos tão organizados que pareciam escadas, de modo que ele achava maravilhoso escalar cada degrau. Era como se estivesse superando os seus próprios limites. Tinha uma saudade especial pela Dona Ica. A propósito, Dona Ica era o nome que colocou numa mangueira que era muito especial porque tinha uma sombra imensa. Em tempos de manga, todo dia ele subia no pé e ela tinha uma manga madurinha e docinha para oferecer. O apelido vai ao encontro do fato de que ela o fazia lembrar de uma senhora gorda com um olhar angelical e com uma voz delicada e amável, dado que toda vez que ele ia lá brincar com o seu filho, ela tinha um agradinho para oferecê-lo. Vitor tinha saudade também dos riachos em que ele e os irmãos brincavam e pescavam. Sua nostalgia o levava a se programar para um dia voltar àquele lugar.

Não tinha muito tempo para brincar, porque quando não estava na escola, estava na rua vendendo alguma coisa, engraxando ou ajudando em algum trabalho doméstico. Mas quando sobrava um tempinho, ia para o famoso campo do Belarmino jogar futebol com a molecada de sua idade. A bola nunca foi sua boa amiga, era um péssimo jogador, e isso só reforçava o seu complexo de inferioridade com os seus colegas. Havia muitos meninos bons de bola. Mas se divertia com outras brincadeiras que faziam dele igual ou até melhor do que os outros, como bolinha de gude, pião, pique-pega, mamãe da rua e pipa. As brincadeiras eram muito prazerosas porque contribuíam para a sua socialização. Fez muitos amigos, sendo que vários deles continuam seus amigos até hoje, depois de mais de 30 anos. A sua grande tristeza era quando chegava o natal. Seus amigos iam exibir os seus presentes trazidos pelo papai Noel, que era amigo só dos ricos. Lá na sua casa, o papai Noel não passava nunca. Como ele gostaria de ganhar um carrinho novo! Já estava um pouco grande para brincar de carrinhos, mas eles eram encantadores para ele.

O primeiro presente de natal

No segundo ano em que estavam morando na cidade, Vitor ficou sabendo de uma senhora que ia distribuir brinquedo para as crianças pobres. Ele e um amigo de turma foram correndo atrás dela. Pelo caminho, encontraram os dois amigos inseparáveis, que perguntaram o que iam fazer com tanta pressa: "Vamos atrás de uma senhora que está dando brinquedo para as crianças pobres". Mais do que depressa o pessimista gritou: "Não fica muito iludido não porque você pode não ganhar, afinal, são muitas crianças e poucos presentes". Vitor sentiu como se uma faca espetasse o meu coração. Não podia acreditar naquela fala, pois era o seu grande desejo. Em seguida, o otimista retrucou: "Vá em frente. Faça uma cara de coitadinho. Peça pelo amor de Deus. Fale que você nunca teve um brinquedo. Assim, você vai convencê-la, caso haja poucos brinquedos...". Isso animou Vitor e o fez andar mais rápido para chegar à frente de outros meninos.

Chegando lá, parecia uma festa. Em frente a uma casa amarela, linda por sinal, estava um carro cheio de brinquedos; um Aero-Willys verde maravilhoso. Um senhor careca e barrigudo ficava do lado vigiando os brinquedos para ninguém invadir. Uma senhora franzina de carinha angelical pedia para que as crianças fizessem uma fila por ordem de tamanho. Na hora veio a mensagem do pessimista – pode não ter brinquedo para todos e você ficar sem... Seu coração estava acelerado, uma tremedeira tomou conta dele, mal podia respirar. Tentava manter a calma lembrando da mensagem do Moisés otimista e começava a se planejar para sensibilizar aquela senhorinha a realizar o sonho de ganhar o seu primeiro presente de natal. Seu coração acelerava mais, cada vez que se aproximava dos presentes. Até que chegou a sua vez: "Acho que nunca fiz uma cara de tanta piedade como fiz naquele dia", dizia ele. Os presentes estavam no final. Ela o olhou, com um olhar profundo de amor que parecia ler a sua mente, e isso ainda o comove de modo tão forte que ele começou a chorar de emoção só de relembrar essa cena. Imagine uma criança que está prestes a realizar o sonho de ganhar o primeiro presente de natal. Enquanto ela olhava, tentava falar: "Pelo amor de Deus, me dá um carrinho. Eu nunca ganhei um presente de natal". As palavras não saíam, ficou mudo. Mas ela entendeu no seu olhar a sua mensagem. Virou o rosto para o resto dos brinquedos, olhou para as bolas, para o jogo de dama, para o pião, para a vareta, para o carrinho... "Ai meu Deus, faça com que ela pegue um carrinho". Na hora, Deus atendeu. Ela empurrou os presentes de cima. Parecia a mão de Vitor escolhendo o que ele queria. Ela pegou logo um carrinho amarelo, de rodinhas pretas, da mesma marca de seu carro, um Aero-Willys também, e o entregou. "Feliz natal, meu filho". E lhe deu um beijo no rosto. Vitor saiu dali como se estivesse flutuando. Um presente, um beijo no rosto, um feliz natal de quem nunca tinha visto: todos esses acontecimentos fizeram dele a criança mais feliz e abençoada do mundo. Nunca mais esqueceu daquele rosto angelical, daquele beijo quente no rosto e daquela voz meiga dizendo feliz natal... Agora podia brincar de carrinho com os meninos, depois que parasse de trabalhar. A lei em casa era: estudar, trabalhar, e, se sobrasse tempo, podia brincar.

Agora ele se sentia igual aos outros meninos, pois tinha carrinho também. De vez em quando lavava o brinquedo e colocava em cima da mesa, bem na frente de seus olhos. Enquanto namorava aquele precioso presente, começava a pensar no futuro: "Quando eu crescer quero poder comprar um carro igual a esse e vou comprar muitos presentes para dar a crianças pobres para que elas possam sentir a alegria que estou sentindo".

A vida espiritual na cidade

Como os adultos iam para a escola à noite, passaram a ter horários diferentes para dormir, ou seja, a família foi perdendo o hábito de fazer a reunião aos pés da cama dos pais para rezar. Rezavam o terço só quando era possível. Mas todos os dias, ao deitarem, a mãe e o pai faziam um revezamento nessa cobrança, a fim de que cada um rezasse sozinho em sua cama, agradecendo a Deus pelo seu dia. Isso foi tão forte em sua vida que até hoje, depois de adulto e com tantos conhecimentos, Vitor ainda se pega rezando como a sua mãe ensinara. Como ele é grato por isso! Pena que tantas crianças nascem e crescem sem conhecer a bondade de Deus, na maioria das vezes por negligência dos pais.

No fim de semana, todos iam à missa. Era lei assistir à missa aos domingos, de modo que era mais importante do que comer. No começo, iam todos juntos. Depois, cada um podia escolher o seu horário de missa, contanto que não faltasse. Caso um dos filhos deixasse por algum motivo de ir à missa, levava um sermão do pai. Era preferível apanhar dele a ouvir aquelas palavras tão duras, pensava Vitor. No entanto, tudo foi importante para a formação de sua personalidade.

O padre, o querido monsenhor Ernesto, era um italiano muito bravo e falava enrolado demais para o seu gosto. Assim, Vitor tinha dificuldade de entender o que ele queria dizer em seus sermões imensos. Por diversas vezes, Vitor acabava dormindo em pleno sermão na missa das sete da noite.

O catecismo

No segundo ano de estada na cidade, mais familiarizados com a vida urbana e com as exigências da igreja, Vitor foi matriculado no catecismo, uma preparação para fazer a primeira comunhão, prática comum na Igreja Católica. O monsenhor Ernesto é quem dava o catecismo. O seu primeiro dia foi muito desmotivador. Chegou para a aula, que era feita na igreja, e, para a sua surpresa, os meninos riquinhos da escola eram os auxiliares do padre. Eles tinham moral com ele e podiam até chamar a atenção dos alunos, caso eles conversassem durante a aula. Afinal, onde os pobres seriam respeitados como gente de valor, já que até na igreja eles pareciam cidadãos de segunda classe? Vitor pensava revoltado. Desta forma, ele entrou em crise, pois aprendeu em casa que Deus era um ser muito justo, que fazia justiça com todos e que era o defensor dos pobres. Mas ali, o padre, representante de Deus, estava dando mais atenção aos ricos do que aos pobres, pelo menos na visão de Vitor. Com isso, Vitor perdeu a vontade de ir ao catecismo e não queria acreditar naquele Deus. Por outro lado, tinha muito medo e vergonha do padre. Havia hora em que ele parecia muito bom e amável. Outra, dava o maior pito nas crianças. Como era uma exigência dos pais, continuou frequentando.

Com o tempo, Vitor pôde perceber que o padre não tratava melhor as crianças que eram ricas, uma vez que nem todas que eram amiguinhas do padre eram filhas de gente de posse. Havia algumas que eram pobres também e até alguns de seus amigos estavam lá ajudando o padre. Vitor começou a perceber que era mais preconceito seu e notou que os que estavam na liderança eram os meninos e as meninas mais desinibidos. Percebeu que o padre gostava dos que participavam fazendo perguntas e respondendo às perguntas dele. Eram muitas crianças, cerca de 80. O padre colocava um pedestal com um microfone no centro da igreja e fazia perguntas. Quem quisesse responder tinha que ir até aquele microfone, que parecia para o Vitor um bicho-papão, falar e ouvir a sua voz saindo no alto-falante da igreja. Como a cidade era pequena, quase toda a cidade ouvia. Vitor, do seu canto, ficava todo arrepiado só de imaginar ir ali falar naquele negócio. Por outro lado, sonhava com um dia em que pudesse responder a uma pergunta e que a sua mãe ouvisse a sua voz lá de casa; fato, logo, que seria de muito orgulho para ela ter a sensação de que o seu filho era um menino esperto. Mas essa possibilidade era muito remota para um menino que não respondia nem quando a sua presença em sala de aula era solicitada, diga-se, por timidez. Aquilo o fazia pensar que quando crescesse seria um jovem atuante na igreja, falando ao microfone para as pessoas, imaginando o fato como a sua maior glória. Toda vez que ia à missa, ficava encantado com as pessoas que liam na frente daquela multidão. Como ele pensava que era possível pedir qualquer coisa a Deus, aproveitava e pedia a ele para que o ajudasse a fazer aquilo quando crescesse. Mas o tempo passava e ele ficava apenas na inveja de ver as pessoas fazendo aquelas ações com tanta desenvoltura. Algumas, nem tanto. Segundo ele, alguns leitores liam tão mal que se ele tivesse coragem tinha certeza de que leria muito melhor. Mas coragem era o que a ele faltava em demasia.

Vida social

Frequentemente, chegava à cidade um circo de palhaços animadíssimos e brincalhões. Eles pareciam as pessoas mais felizes do mundo. Vitor não tinha dinheiro para pagar a entrada, mas um amigo o chamara para ir com ele trabalhar para o circo em troca da entrada. Assim, eram contratados para vender pipoca, pirulito e aproveitavam para assistir aos espetáculos. São lembranças inesquecíveis, afirmava ele. Quando o circo ia embora, vinham os parques de diversões, que eram também maravilhosos, com muitos jogos e brinquedos para a criançada e para os adultos. Era o lugar ideal para os rapazes e moças se encontrarem para namorar. Sua irmã mais velha só podia ir se ele fosse com ela para vigiá-la. Achava que os seus pais não queriam deixá-la namorar. Coitada! Ele ficava morrendo de dó. Alguns rapazes chegavam perto dela para "puxar papo", mas a sua timidez e o medo do pai faziam com que ela fugisse dos rapazes. Vitor sabia que no fundo ela queria era poder conversar livremente com os moços, mas a lei em casa era muito severa e sua irmã era muito obediente. Nessa altura, ela já tinha seus dezessete ou dezoito anos. Segundo os seus pais, era preciso tomar cuidado porque eram da roça, muito bobinhos e ingênuos, e as pessoas da cidade eram muito espertas. Com o tempo, as coisas foram flexibilizadas e ela foi conquistando a sua liberdade para namorar, desde que Vitor estivesse junto dela. Coitada! Ela era uma pessoa maravilhosa, mas só atraía tranqueira. Quantas cenas cômicas Vitor vivenciou ao lado dela... Apesar de sofrer muito junto de seus pretendentes, ela, muito crítica, sempre tinha uma piadinha de seus relacionamentos para nos contar. Apesar das decepções, era uma pessoa muito divertida. Assim, era costume também, à noite ou aos domingos durante o dia, ir para a casa de vizinhos que tinham televisão para assistir aos programas da época.

Tributo às professoras primárias

Segundo Vitor, e se ele é quem é, deve em primeiro lugar aos seus pais e aos seus irmãos e depois às suas professoras primárias, especialmente à Dona Itamar e à Dona Evanir; do primeiro e do segundo ano respectivamente. Esse período foi o que mais precisou de compreensão e apoio para criar socialização com os meninos da cidade. Mas a Dona Marize e a Dona Darci completaram muito bem o seu ciclo escolar no período de grupo, ensino fundamental da época. Dado o exposto, Vitor defende a ideia de que as professoras primárias deveriam ser mais bem remuneradas, pelo menos com o equivalente ao salário de um engenheiro.

Por que defende isso?

"Porque, de acordo com os seus estudos, as crianças formam 80% de suas crenças e valores até os oito ou nove anos de idade. Essas crenças e valores são formados por meio da orientação familiar, da igreja e da escola, basicamente. Portanto, crianças com bons professores nesse período, preparados para ajudar os seus alunos a criarem crenças motivadoras e positivas em relação à vida e às pessoas, aprendendo também valores nobres de vida, certamente serão pessoas muito mais bem resolvidas e comprometidas. Somos movidos pelas crenças sobre nós mesmos e sobre o mundo, sendo que os nossos valores dão suporte às nossas ações. São as formações de boas crenças e de bons valores que nortearão os destinos dessas crianças para sempre. Para haver um país mais ordeiro e com pessoas mais responsáveis e preparadas, precisamos investir na família e principalmente na base de educação infantil. Os engenheiros civis e os arquitetos que constroem arranha-céus e casas maravilhosas merecem o seu valor. Os professores da educação infantil, ao lado dos pais, são os principais a formar o bom caráter das crianças, a fim de ajudá-las a construir as suas vidas e a sociedade do futuro. Afinal, formar pessoas para o bem é ainda mais importante e desafiador", concluiu ele.

Lições de *coaching*

Quais lembranças você tem de sua vida nesse período?

Que influência tais acontecimentos afetaram a sua vida; de modo positivo e negativo?

_____

_____

_____

_____

_____

Qual a lição que você tira para a sua vida de tudo que leu neste capítulo?

_____

_____

_____

_____

O que você pode aprender com a experiência do autor para a sua vida?

_____

_____

_____

_____

Capítulo 4

A adolescência

"A primeira condição para se realizar alguma coisa é não querer fazer tudo ao mesmo tempo."

Tristão de Ataíde

Vitor terminou a quarta série – foram quatro anos com as melhores notas da escola, sendo quase todas notas máximas. Grosso modo, foi o aluno com a melhor média escolar. Assim, sentia-se vingado de todos que o humilharam fazendo *bullying*. Desta feita, foi a sua grande vitória nessa época. Mas não pôde pegar o diploma junto com a turma e receber as homenagens dos professores. Não tinha registro de nascimento e sem ele não podia pegar o diploma. As novas gerações não sabem disso, mas antigamente se pagava para registrar os filhos, qual seja, as famílias pobres não registravam por falta de dinheiro ou por desorientação. Na sua família, foi pelos dois motivos. Só no ano seguinte, com a ajuda de uma tia, a tia Olga, a quem Vitor é muito grato por essa ação, arrumou o dinheiro para o seu pai pagar o registro de nascimento de seus filhos. Com isso, Vitor foi pegar o diploma na casa de sua professora só depois do registro pronto; cena de muita vergonha e humilhação que ficou gravada em sua memória. Embora sofresse com isso, nada ofuscava as suas esperanças de vencer na vida. As experiências negativas serviam como estímulos para que ele obtivesse com mais garra ainda o seu ideal.

Os tempos de ginásio

Naquele mesmo ano, Vitor foi todo feliz para o ginásio fazer a sua matrícula. Agora se sentia como os filhos de "papai", título que dava aos meninos que eram filhos de pais mais abastados. Os filhos de pobres dificilmente seguiam os estudos. Dado o fato, a maioria parava no primário, ou seja, na conclusão da quarta série. Quanto ao Vitor, a estrada era longa, e, custe o que custar, ele jamais desistiria da escola. Chegados os treze anos de Vitor, o seu pai queria que ele estudasse à noite para ir trabalhar na roça. Não era justo que um rapaz, quase um homem de treze anos, não fosse para a roça cedo ganhar a vida, assim pensava o seu pai. Mas a sua idade não permitia estudar à noite, pois isso só era permitido após os quatorze anos. Para não ficar parado naquele ano, e até completar quatorze e se matricular à noite, Vitor assumiu, com o apoio de sua mãe, o compromisso com o seu pai de que iria estudar de manhã e trabalhar à tarde, a completar, vendendo alguma coisa para ganhar o equivalente ao que os seus irmãos ganhavam trabalhando na roça. A ideia era não ganhar mais qualquer quantia, como vinha fazendo ao vender as coisas ou engraxando. A meta era mais desafiadora: ganhar o equivalente ao que os seus irmãos ganhavam trabalhando na roça o dia todo, enquanto ele trabalharia no período da tarde e teria de obter o mesmo resultado financeiro. Assim se fez, o seu prazer de estudar no ginásio turbinou ainda mais a sua motivação para os "bicos" que fazia no tempo livre. Conseguiu cumprir o prometido, vendendo de tudo em pouco tempo. Aliás, já faturava igual ou mais do que os seus irmãos que trabalhavam na lavoura. Nessa época, foi acrescentada outra tarefa, isto é, de dois em dois dias tinha de ir ao mato próximo à cidade buscar lenha para fazer comida, já que não tinham fogão a gás. Os irmãos Jairo, Antônio e Waldir eram os seus companheiros na busca por lenha no mato; tarefa horrível que fazia com alegria porque aquela ação ajudava a garantir a sua permanência na escola na qual amava cada vez mais.

O ginásio, que na época era responsável pelas quatro séries que completam o fundamental de hoje, ajudou a encerrar um ciclo. Agora, Vitor era mocinho e os seus professores eram diferentes, de modo que não tinham a doçura das professoras primárias, ou seja, Vitor não era tratado com tanto carinho. Isso foi bom porque o fez sentir mais adulto e igual aos outros colegas de sala, mesmo sendo eles de famílias com melhores recursos financeiros.

O primeiro maior aperto de sua vida

Neste ano, Vitor teve uma experiência inesquecível, haja vista que ela foi decisiva para ele projetar o seu futuro. Era uma sexta-feira, basicamente as duas últimas aulas de português, a Dona Heloisa, professora de português, muito exigente e competente, foi tomar a lição dos alunos. Um começava, ela interrompia. Segue fulano, dizia; fazendo com que cada aluno lesse um trecho da leitura. Eis que é chegada a sua vez. Continua Vitor, diz ela. Ele, que já estava em pânico só de pensar quando chegasse a sua vez, só faltou desmaiar. Ficou roxo de vergonha. Sua voz não saía. Mal conseguia respirar... Alguém da sala o salvou: "Ele é muito tímido, professora. Não consegue ler". Ufa! Graças a Deus, pensou Vitor imediatamente. Ela disse: continue então fulano. E voltou para o Vitor dizendo: enquanto você não ler, não vai embora! Pronto! O pânico voltou. Logo deu o sinal do fim da aula e todos haviam lido, exceto Vitor e outra menina. Ela liberou os alunos e segurou os dois, assentou-se na cadeira ao lado da mesa da sala e disse: qual dos dois vai começar? Já que não tinha escapatória, e agora estava bem mais fácil, Vitor criou coragem e começou a ler o texto. Foi lendo e ela nunca o interrompia. Assim sendo, acabou lendo o texto inteiro. Vitor ficou motivado porque percebeu que estava lendo bem. Ao encerrar o texto, ela deu um dos *feedbacks* mais motivadores de sua vida: "olha só como você leu bem, Vitor. Por que você ficou escondendo isso de seus colegas? Para com essa bobagem, ninguém é melhor do que ninguém!".

Vitor ficou com aquelas palavras na cabeça por muitos dias: "Como você leu bem... Ninguém é melhor do ninguém". Aquele incentivo o levou a tomar uma grande decisão: "Vou enfrentar a minha timidez e vou ser um grande professor e palestrante motivacional. Quero ganhar a vida dando aulas e palestras. Ainda irei falar para multidões". Daquele dia em diante, Vitor começou a enfrentar os seus medos. Quando o Pedrinho mão de vaca e o Moisés, os seus amigos inseparáveis e que continuavam a ser colegas de sala, ficaram sabendo do seu projeto futuro visando ser um palestrante, a ver, foi logo desaconselhado pelo Pedrinho pessimista: "Você está ficando louco, rapaz! Olha para a sua realidade. Como que um aluno que não é capaz nem de responder presença em sala de aula pode se tornar um palestrante? Pare de ficar sonhando sonhos impossíveis. Para ser palestrante, tem de ter o dom de falar em público. Isso não é para você. Escolha uma profissão que você não tenha que se expor, um serviço em escritório, por exemplo. Saiba que estou te falando isso como seu amigo, porque te quero muito bem e não quero que você sofra".

Logo retruca Moisés: "Deixe de ser pessimista, rapaz. Ele pode sonhar o que quiser! Ele tem muito tempo para se preparar e só depende dele. Vá em frente, Vitor. Você tem o meu apoio", concluiu. Vitor ouviu mais o Pedrinho, afinal, parecia muita ousadia sua desejar aquilo. Ele sabia o quanto seria desafiador sonhar um sonho daquele. Pensou em desistir e não comentar mais sobre o assunto com ninguém. Mas, enquanto pensava em desistir, uma voz no fundo de sua alma repetia as palavras do otimista, o estimulando a seguir em frente com o seu sonho. Optava por continuar com o seu propósito, entretanto, evitando publicar para não ser desencorajado por outras pessoas.

O poder do exemplo

Na adolescência, encorajado por outros colegas, criou mais audácia para correr riscos e fazer coisas diferentes do tempo em que era criança. Continuava sendo muito inseguro e complexado, mas já ensaiava algumas aventuras com alguns amigos. Nada que comprometesse a índole de bom filho, mas fazia coisas que não realizava antes. Certo dia, movido pela ousadia de adolescente, o seu amigo o convidou para ir ao circo. Naquele dia, criança com até doze anos pagava meia-entrada, mas ambos já tinham treze, próximo aos catorze anos, mas combinaram de falar que tinham doze. Não queriam mais vender as coisas do circo para ver o espetáculo, estavam mais crescidos, queriam ter o prazer de assistir sem trabalhar lá dentro. O amigo foi na frente, pediu um ingresso de meia-entrada, pagou e saiu, sem nenhum problema. Chegou a sua vez, o coração batia forte, afinal, pela primeira vez ia contar uma grande mentira, apesar de que uma parte dele condenava profundamente. Neste momento, passou um filme na sua cabeça, mais especificamente uma cena na qual nunca havia esquecido. Quando ele tinha sete anos, foram para a cidade, especificamente para a casa de seus avós. Na viagem, o cobrador veio receber as passagens. Seu pai pediu ao cobrador para ver quanto ficavam as passagens de todos. "Que idade tem este menino", indagou o cobrador ao pai apontando para Vitor. "Sete anos", informou o seu pai. Então, são sete passagens, pois acima de sete anos paga. Quando foi informado acerca do valor, ele verificou na sua carteira e só havia dinheiro para pagar seis passagens. Seu pai ficou muito desconcertado e falou: "Meu dinheiro não vai dar". "Por que você não falou que esse menino tem só seis anos? Assim estaria tudo certo", concluiu o cobrador na frente de todos os passageiros. Seu pai olhou para o cobrador, olhou para os passageiros à sua volta, depois olhou para o Vitor, muito comovido e quase chorando, e disse: "Se eu dissesse que ele tem seis anos, iria economizar uma passagem hoje, mas ensinar os meus filhos a serem desonestos pelo resto da vida. Por isso, prefiro falar a verdade". Diante desse cenário, algumas pessoas ali do lado ficaram tão comovidas com a resposta de seu pai que no mesmo instante juntaram uns trocados e pagaram a passagem que faltava, fazendo elogios a ele por tamanha lição de honestidade.

Nesta hora, passou toda essa cena na cabeça de Vitor. Depois de um longo silêncio na frente da moça da bilheteria, disse a ela que queria comprar meia-entrada, mas que tinha treze anos. Ela respondeu: "Então, não pode. Você tem que pagar inteira". "Tudo bem, obrigado", disse a ela e saiu. Seu amigo assistiu a tudo, lhe deu uma bronca por não ter mentido, mas as palavras de seu pai falaram mais alto. Disse ao seu amigo: "pode ir tranquilo. Eu fico. Outro dia a gente vai junto". Assim se fez. Nessa experiência ficou comprovado o valor de uma educação bem-feita, precedida pelo exemplo. Seus pais ensinaram Vitor a ser honesto, não só por palavras, mas principalmente pelo exemplo. É por isso que sabiamente diz um versículo da Bíblia: "Instrui a criança em que caminho deve andar e até quando envelhecer não se desviará dele". Provérbios 22:6.

A vida de estudante noturno

O tempo passou, veio o aniversário de quatorze anos e Vitor foi matriculado no período noturno, como o seu pai queria. Vitor voltou a trabalhar na lavoura junto com os seus irmãos. Ele tentou arrumar emprego na cidade durante o dia para escapar daquele trabalho horrível da zona rural. Assim, até conseguiu um emprego no comércio, mas o valor era muito pouco. Não teve escapatória: trabalhava de segunda a sábado nas fazendas da região e ia para a escola à noite. Por diversas vezes, os colegas de trabalho diziam ao seu pai quando o viam chegar para o trabalho com os quatro filhos homens: "Ê! Sr. João, o senhor está feito com esse tanto homem para trabalhar na lavoura!". Seu pai sorria cheio de orgulho. Vitor, do seu canto, dizia consigo: não estou vendo vantagem nenhuma... Não tinha nada contra o seu pai, coitado. Era a realidade da época, pois não havia outra saída. A vida era muito difícil, só restava trabalhar muito para garantir pelo menos onde morar e o que comer na cidade. Na escola, acabou sendo um aluno mediano, pois não tinha mais tanta disposição para prestar atenção na aula, uma vez que estava sempre muito cansado. Por conseguinte, diversas vezes acabava dormindo na sala, mas jamais abandonou o seu ideal. Os seus amigos íntimos vendo o sacrifício de Vitor para estudar estavam sempre do seu lado, um estimulando a seguir em frente, o outro, a desistir. Ele não pretendia ir muito longe na escola, só terminar o ginásio e procurar emprego. O Moisés, o cara mais otimista que já tinha conhecido, dava a maior força. Várias vezes no recreio dizia a ele: "Vitor, eu te admiro demais. Você é o cara mais determinado que já conheci. Tenho certeza de que os seus esforços vão te levar a realizar todos os seus sonhos, mesmo que tenha que pagar um preço alto. Nunca desista, porque o seu sonho é muito nobre!". Em compensação, o Pedrinho mão de vaca dizia o contrário: "Eu penso diferente, acho que deve se esforçar sim, mas você também tem que pensar em ser feliz agora. A gente não sabe quanto tempo vai viver para ficar se matando agora sem aproveitar a vida". Vitor ouvia tudo aquilo e sentia um nó na cabeça. Todos estavam certos na sua opinião, mas, por mais que parecesse desafiador, preferia seguir o cultivo de seus sonhos, pois era mais estimulado pelo amigo otimista.

Vitor frequentemente comentava com os seus colegas de trabalho o que iria fazer no futuro, por isso levava tão a sério os seus estudos. Numa manhã de sexta-feira, todos estavam animados porque era o último dia de trabalho da semana. Enquanto trabalhava, Vitor escutou um barulho de avião que ia passando. Ele parou, olhou o avião e gritou para os seus colegas de trabalho que estavam perto dele: "Estão vendo aquele avião? Um dia vou viajar de avião para fazer as minhas palestras Brasil afora". Eles, em tom sarcástico, disseram em coro: "nossa! Coitadinho de você, Vitor. Como você vai fazer isso? Olha a sua realidade. Não tem nem onde cair morto. Esse tipo de sonho é coisa para gente rica que pode mandar os seus filhos para estudar na capital!". Nesse dia, ele buscou no fundo de sua alma a força de seus sonhos e muito convicto respondeu: "Não importa onde eu estou, não importa da onde eu venho, não importa qual é a minha realidade hoje, o que importa é aonde eu quero chegar! Me aguardem. Pode até demorar, mas esse dia vai chegar!". A voz de seu amigo pessimista vinha à tona e começava a fervilhar sua cabeça: "Isso não é para você. Procure uma coisa mais simples". Mas o outro surgia novamente com a sua mensagem motivadora: "Vá em frente. Você é capaz". Vitor era muito grato a esse amigo, ele o incentivou profundamente. Às vezes ficava se perguntando o que Moisés via nele para que o encorajasse tanto... Trabalhou na roça até os dezesseis anos e depois conseguiu arrumar um trabalho de servente de pedreiro na cidade, escapando daquele tipo de atividade da qual detestava. Como servente de pedreiro, o serviço era também muito pesado, mas pelo menos almoçava em casa e era mais valorizado.

Sua adolescência e a vida de família

Sua família sempre foi o maior tesouro de sua vida. Vitor e a família não tinham quase nada. Não havia comida boa, casa confortável, móveis decentes e tantas outras coisas. Agora os filhos mais velhos estavam na juventude, eram naturalmente mais exigentes, mas o amor, a união e o respeito eram sentimentos presentes em abundância entre eles. Apesar da família numerosa e morando amontoada em um cubículo, não havia discórdia. Ninguém considerava seu o que possuía. Tudo era de todos e para todos. A sua mãe era a administradora da casa e cada trocado que ganhavam era entregue para ela. Ela juntava o pouco do que cada irmão ganhava durante a semana e fazia a feira semanal, dando até para comprar um quilo da carne que era feita no domingo. Domingo era dia de comida mais gostosa, ou seja, o único dia em que havia carne. Uma lembrança marcante dessa época e que Vitor gosta de contar é que quando a mãe fazia frango caipira, que para eles era o manjar dos deuses, ela administrava os pedaços para todos comerem sem ninguém ser injustiçado, já que era um frango para toda a família. Vitor percebia que a mãe sempre comia os piores pedaços, ou seja, a asa, o pescoço e o pé, que, a bem da verdade, eram de fato ruins. Na opinião dele, os melhores eram os pedaços mais carnudos. Certo dia, Vitor perguntou à sua mãe por que ela gostava tanto daqueles pedaços. Ela respondeu: "Não que sejam os que eu mais gosto, eu como esses pedaços para deixar os melhores para vocês". Vitor ficou muito surpreso com a resposta de sua mãe e pôde perceber o quanto estava sendo egoísta por não ter notado e nem resolvido aquela situação antes. Foi mais uma lição da mãe sobre o que o amor é capaz de fazer. Cada um dos filhos recebia uns trocados após fazer a compra da semana. Cada um deles gastava como quisesse: comprava picolé, doce ou um guaraná. Eram poucas coisas. Às vezes dava até para ir ao circo ou brincar em um brinquedo no parque de diversões, quando ele estava na cidade. A sua mãe, que sempre teve uma sabedoria muito peculiar, os encorajava a aceitar aquela forma de vida dizendo: "Quando a gente junta o pouquinho de cada um que dá com amor, faz tanta fartura que até sobra. E realmente isso acontecia: um pouquinho de cada um dava para comprar a comida da semana e todos ainda ficavam com uns trocadinhos que ela dava. A experiência de casa o fez entender que a melhor forma de viver bem em uma família com poucas posses era colocando tudo em comum, logo, uma espécie de socialismo vivido em casa. Aprendeu que a melhor forma de viver em sociedade era por meio do socialismo amoroso; coisa que não era muito comum nas famílias abastadas que Vitor conhecia. Nessa ocasião, e aos 16 anos, Vitor conheceu o cinema que havia na cidade. Com o dinheiro que recebia da mãe, começou a frequentar o cinema nas matinês de domingo. Era maravilhoso, dava para comprar o ingresso da entrada e havia dia em que sobrava ainda para comprar algumas balas chita, que por sinal tinham um sabor deliciosíssimo! Naquela época, caso perguntassem qual era a coisa que ele mais gostava de fazer, com certeza diria que era assistir ao filme do Tarzan ou do Mazzaropi chupando bala chita. Era a coisa mais prazerosa que um menino pobre da época poderia conseguir. É claro que nem sempre era possível conseguir as duas coisas: comprar a entrada da matinê e comprar a bala. Contudo, sempre encontrava uma saída. Nessa época, o seu pai vendia rapadura, um doce feito de cana-de-açúcar. Quando não dava para comprar bala, ele cortava um pedaço de rapadura, embrulhava num papel e chupava aquele doce enquanto assistia ao filme, e, assim, substituía a bala. Era claro que nunca se comparava ao sabor da bala chita, mas estava tudo certo. Não sabia o quê, mas havia algo de mágico naquela bala; talvez o fato de poder comprá-la com o seu dinheiro, conquistado com tanto sacrifício. A verdade é que até hoje quando encontra bala chita nos cinemas ou no supermercado, Vitor é impulsionado a comprá-la, pois ela, ainda hoje, dispara em si imagens e emoções daquela época. Como essas coisas são marcantes na vida de uma pessoa!

Seus tios e avós moravam em outra cidade, e, mesmo com dificuldade, os seus pais faziam questão de visitá-los. "A família deve fazer de tudo para manter contato com os seus parentes, pois é o maior bem que alguém pode ter na vida, por mais pobre que seja", diziam os seus pais. Ouvindo isso, Vitor ficava bem porque amava todos os seus tios, os avós, os primos e era amado por eles também. A sua mãe não tinha os seus pais, mas era muito unida com os irmãos. Durante a sua adolescência, Vitor sempre arrumava um jeito de ir para o sítio de seu tio Zé Guilhermina, irmão mais velho de seu pai, que tinha uma família numerosa com oito ou dez filhos. Ficava com eles durante boa parte das férias de julho. Era época da colheita de café, e, como já estava acostumado, não tinha moleza, pulava da cama cedo com eles e ia para o cafezal colher café. As conversas da escola, o que fazia na cidade e a vida deles no sítio davam tanto prazer que não sentia o calor do sol e o dia passava rapidinho. Uma das coisas que não saem da lembrança era a hora da refeição. Almoçava-se muito cedo, por volta de nove horas da manhã o almoço chegava. Era uma bacia cheia de comida: arroz, feijão, macarrão, e, quando dava sorte, tinha uma carne deliciosa, a carne de lata. Como não havia geladeira, o porco era morto, a carne era cozinhada e a gordura do porco era guardada para conservar. Assentavam de seis até oito pessoas em volta daquela bacia de comida e cada um com uma colher. Todos comiam juntos. Em pouco tempo, aquela bacia de comida era devorada. São belas lembranças...

À noite iam brincar de contar história e caçar vaga-lume. Como era encantador estudar aqueles insetos iluminados. Como seria interessante se a gente tivesse olhos iluminados. Seria tão mais fácil andar no campo durante a noite, pensava Vitor. Foram vários anos vivendo essas experiências belíssimas que fazem parte de sua história e que contribuíram muito para a formação de seu caráter. Tudo isso era uma forma de socialização e de relacionamento fundamentais para a profissão que ia desempenhar no futuro. Vitor continua amando profundamente a família e esses seus primos continuam sendo queridos, e, apesar de a história ter espalhado todos por espaços mais distantes, ainda sim sempre arrumam um jeito de estarem juntos para relembrar daquelas experiências de vida com pura inocência e amor.

Pobres das crianças de hoje!

Enquanto revive as lembranças de sua infância, Vitor fica pensando nas carências das crianças de hoje. Como são infelizes! É claro que elas não sabem disso, pois, à sua maneira, encontram as suas formas de felicidade. Mas estão, a maioria delas, massificadas, exploradas por um mercado capitalista que lucra horrores, apresentando a magia da eletrônica que impede a criança de ser mente, coração, intuição e gente. Hoje a babá eletrônica é colorida e cheia de movimentos e de gracinhas, mas é fria, não abraça e não dá colo.

A internet apresenta um mundo de infinitas possibilidades e o celular reforça o seu individualismo e a sua alienação. As crianças estão em contato com o mundo, mas não sabem compartilhar o relacionamento com os colegas e com os irmãos que estão ao lado. Não sabem o que é subir em árvores, nadar em rios, criar os seus próprios brinquedos, passar dificuldades e sentir vontade de trabalhar para ajudar os pais a melhorarem as suas vidas. Não sabem dividir o que têm e colocar em comum para que mais pessoas desfrutem. Não sabem viver o amor na sua forma mais simples e pura. As crianças têm demais para a idade que apresentam, mas, para boa parte delas, falta o essencial: a experiência de vida em família, as dificuldades e as conquistas compartilhadas. Muitas carecem de pais firmes que dão amor e disciplina na medida certa, ou seja, que dão liberdade e que cobram responsabilidade. Pais que lhes digam que a vida é uma conquista, não um presente que se ganha e que é usado e jogado fora. É preciso saber o que fazer com ela desde cedo, a fim de que não seja desperdiçada, já que não existe segunda chance. Cada cena é única, posso até reprisar as minhas ações, mas noutro tempo. Cada momento é único. Não que se tenha que levar a vida tão a sério, mas fazer coisas importantes enquanto se desfruta dela. É claro que a vida é muito mais fácil hoje e as crianças podem desfrutar de tudo isso, mas o problema são os excessos.

O tempo foi passando e logo veio a conclusão de mais uma etapa escolar: a oitava série concluída. Quantas boas lembranças. Pela primeira vez, pude compartilhar as festinhas de despedida, pensava Vitor. Como havia alunos mais velhos na turma, os que tinham mais de 18 anos se aproveitavam dos mais novos. Vitor tinha dezessete anos, mas era muito ingênuo quanto à vida social. Incentivado pelo Briosa, seu colega de escola mais velho, ficaram todos embriagados, pela primeira vez, tomando a caipirinha feita por ele. Ele ficou alegre vendo tudo. A sensação era um misto de bebida com a satisfação da etapa concluída. Bons tempos. Foi a primeira vez que Vitor perdeu o controle sobre o seu corpo e sobre a sua cabeça. Foi uma experiência muito importante, fechando mais um ciclo de sua vida de estudante.

O mocinho sonhador vai se revelando

Vencida a etapa do ginásio, que, como disse antes, compreendia o período da quinta até a oitava série, Vitor foi para o colegial. Com isso, migrou para uma escola particular mantida pela igreja católica onde quem tinha melhor poder aquisitivo pagava mensalidade. Os de menor poder aquisitivo estudavam com bolsa, pagando apenas um valor simbólico. Vitor era muito grato àquela instituição que lhe dava a garantia de continuar os seus estudos e de alimentar os seus sonhos. Do contrário, não teria condições, pois não havia escola pública de segundo grau. A sua gratidão pelo Monsenhor Ernesto, padre idealizador e mantenedor daquela escola, era tão grande que todas as campanhas para arrecadar dinheiro para manter a escola o moviam a tomar a dianteira, dando a sua contribuição. Isso o levou a ficar mais engajado na igreja. Embora muito tímido ainda, estava sempre solícito às necessidades dela. Nesse período de sua vida, começou a participar do grupo de jovens da igreja, a fim de desenvolver a sua comunicação e o relacionamento interpessoal, além de aprender mais sobre a religião. Era "pau para toda obra". Na reforma da igreja, era o servente voluntário. Nas quermesses, o vendedor de bingos e de prendas. Nas reuniões do grupo, o primeiro a chegar para ajudar a organizar a sala. Ficava apenas nessas ações, mas se encantava vendo os jovens que tomavam frente no grupo, davam a reunião e faziam palestra, de modo que olhava tudo aquilo com uma vontade imensa de seguir os seus exemplos, mas não se sentia capaz, haja vista que as suas crenças limitantes e os seus complexos eram ainda muito fortes. Vieram as amizades mais profundas com os colegas de grupo de jovens: o Ricardo Neto, a Adriana e a Ana Rita, filhas do Sr. Carlos, o Marcinho, o Ronaldo, a Meire, a Ana Maria, o Antônio Carlos e a Regina com o Jairo; que eram namorados. Esses eram os companheiros de grupo de jovens que o ajudaram a se valorizar mais, melhorar a autoestima e se sentir importante. Vieram algumas paixões silenciosas, pois não sentia coragem de declarar amor a ninguém por timidez e por outros sentimentos. Vieram também os grandes amigos da escola: o Joel Porto, o Jairinho e o Clederson; sujeito que tinha apelido de soninho. A Mônica, a Delma, a Lídia e outros tornavam a vida de Vitor mais interessante e estimulante, dado que ele se sentia importante, pois era muito querido por eles e os queria muito bem.

A decepção amorosa

Nessa época, Vitor conquistou a sua primeira namorada, diga-se, com a ajuda de um colega de trabalho. Ambos trabalhavam na mesma construção de ajudante de pedreiro. Embora fosse um grande ser humano, o fato de ter as mãos calejadas, de ter o rosto e o cabelo queimados pelo sol e de ser ainda de família pobre não faziam dele o merecedor daquele namoro, pelo menos esse era o sentimento nele presente. Seus amigos inseparáveis, agora juntos no colegial, eram os primeiros a ficar sabendo. Como sempre, o Pedrinho sempre tomava a dianteira para "melar" a sua ilusão. "Cuidado! Quem tem um grande sonho não pode ficar envolvido com namorada. Você vai se apaixonar, abandonar os seus sonhos para casar e depois você vai ficar arrependido, ou, ainda, ela pode terminar com você e te fazer sofrer". Na opinião de Vitor, ele não estava errado, mas queria tanto viver aquele romance. Moisés entrava em cena com as suas palavras motivadoras estimulando a continuar investindo na relação. Na sua cabeça, era um verdadeiro conflito. Pouco tempo depois, ela terminou o namoro. Vitor sofreu muito com essa experiência, pois estava apaixonado pela menina. Acabou se deixando levar pelo pessimismo. Com isso, abandonou o grupo de jovens que era tão importante para ele. Uma onda de desilusão tomou conta de seu ser. O Pedrinho estava certo, afinal, eu sou feio e pobre demais para ter uma namorada e para participar daquele grupo com jovens tão interessantes, pensou à época. Além do mais, sou muito tímido, não sou capaz de ajudar nas reuniões e nem de participar da equipe de líderes. Era melhor sair, completou Vitor. Assim, ficou isolado e foi curtir a sua "fossa" sozinho.

Cerca de dois meses depois, os jovens Márcio e Ricardo, do grupo de jovens, o procuraram em sua casa. Ele ficou espantado com a visita inesperada. Seus amigos disseram: "Vitor, faz dois meses que você não aparece em nossas reuniões, viemos te fazer uma visita e ver o que está acontecendo para saber o que te fez abandonar os encontros". Vitor apenas disse a eles que é muito tímido e que está sentindo dificuldade para se entrosar com os membros do grupo, por isso achou melhor se afastar. Ambos disseram que ele estava fazendo muita falta no grupo, pois era muito solícito e tinha umas ideias muito boas quando as expunha no grupo. O grupo precisava muito dele. Vitor, comovido com aquela declaração, agradeceu pela visita, ficou pronto e foi com eles para a reunião. Chegando lá foi acolhido por todos com um abraço de boas-vindas. Vitor não conteve a emoção e correu para o banheiro, para enxugar as lágrimas e não deixar que eles vissem o seu choro. Nesse dia, tomou uma decisão: seguir em frente no grupo de jovens acreditando mais em si mesmo, enfrentando a timidez, expondo mais as suas ideias nas reuniões e mantendo o foco no sonho de virar palestrante. Não iria se preocupar em arrumar namorada, manteria o foco nos estudos, na busca pelo crescimento profissional e pelo fato de ser um líder do grupo de jovens num futuro próximo.

Logo, veio o fim do ensino médio. Nesse período fez também amizade com vários professores que tinham muito interesse pelo seu ideal, de modo que o incentivavam e o respeitavam. Os complexos de criança pobre foram diminuindo. O professor Clésio, simpático professor de português e que gostava da sua forma de escrever, um dia disse em sala de aula: "Vitor, você escreve muito bem. Um caminho profissional muito bom para você é cursar a faculdade de filosofia em letras e depois fazer jornalismo. Você tem tudo para ser um ótimo jornalista". Essa fala o encheu de motivação e de alegria, pois era um caminho parecido com o que ele sonhava. Àquela altura, fazia parte dos sonhos de Vitor ser escritor, ou seja, escrever livros motivacionais para fazer com que jovens e adultos superassem as suas angústias e tivessem sonhos nobres e coragem para realizá-los. "Com certeza, as palavras do professor ajudaram a definir a escolha de meu curso universitário", completou Vitor.

Lições de *coaching*

Quais os cuidados que os pais devem ter para educar bem os seus filhos sem ignorar os valores fundamentais da vida e as mudanças do mundo atual?

Quais são as boas lembranças de sua adolescência?

Quais foram as más experiências desse período da sua vida?

_____

_____

_____

_____

_____

Como você enfrentou as suas dificuldades?

_____

_____

_____

_____

_____

O que você pensava de seu futuro nesse período de sua vida?

_____

_____

_____

_____

_____

Qual a relação que existe entre o que você queria para o seu futuro e o que acontece hoje em sua vida?

_____

_____

_____

_____

_____

Você tem filho adolescente? Em caso afirmativo, o que tem feito para ajudá-lo a atravessar essa fase da vida? Ele recebe a sua ajuda e o seu preparo para ser um vencedor?

_____

_____

_____

_____

_____

O que você pode fazer para ser um *coach* melhor de seu filho, usando a experiência do autor e as exigências do mundo moderno?

_____

_____

_____

_____

_____

O que você pode tirar como aprendizado de tudo que leu até aqui para dar um sentido novo à sua vida e à sua relação com a família, com a sociedade e com o mundo?

_____

_____

_____

_____

_____

Capítulo 5

Tempos de faculdade e o despertar da consciência crítica

"É muito melhor ousar coisas difíceis, conquistar triunfos grandiosos, embora ameaçados de fracassos, do que se alinhar com espíritos medíocres, que nem desfrutam muito, nem sofrem muito, porque vivem em uma penumbra cinzenta onde não conhecem nem vitória e nem derrota."

Theodore Roosevelt

O sonho que o perseguia desde criança agora parecia mais perto, o ensino médio ficou para trás e Vitor estava apto a entrar na faculdade e ser professor e palestrante motivacional. Sabia que o caminho continuava árduo, pois teria que pagar a faculdade e continuar ajudando em casa, na manutenção das despesas, e o salário que ganhava era um salário mínimo. Nessa altura já havia arrumado uma solução: enquanto servente de pedreiro, procurou, com a ajuda do mestre de obra Antônio Messias, aprender a profissão de pedreiro, assim ganharia bem mais, conseguindo bancar a sua faculdade e ainda sobraria para ajudar em casa. Como sempre, teve um propósito em sua vida de que tudo que fosse fazer seria bem feito e com carinho. Assim, rapidamente se destacou como um pedreiro caprichoso e cuidadoso, rendendo muitos elogios e reconhecimento pela qualidade de seu serviço. É claro que não queria aquela profissão por muito tempo em sua vida, era apenas enquanto fosse necessário para garantir a faculdade e ajudar em casa. Pouco a pouco foi deixando de ser apenas um peão de obra para ser um pedreiro importante. Isso não quer dizer que os problemas acabaram, uma vez que muitas vezes o dinheiro não dava para todas as despesas. Sua mãe, compadecendo de suas angústias, dizia: "Por que você não faz apenas um curso técnico para entrar na fábrica de cimento, assim você tem um salário maior, sem tanto sofrimento". Naquela ocasião, esse era o sonho da maioria dos jovens de sua cidade. Os sonhos de Vitor estavam resumidos a estudar, fazer um curso técnico, entrar na fábrica de cimento – uma grande empresa instalada em sua cidade que era a maior geradora de emprego da região – arrumar uma boa moça, namorar, casar, ter filhos, comprar uma casa e ter um carro. Muitos dos seus amigos fizeram isso, mas ele dizia à sua mãe: "Eu quero ir mais longe, mãe. Isso é pouco para mim. Quero fazer o que o meu coração pede". Vitor tinha muito prazer só de pensar no dia em que iria conquistar a realização de seu sonho. Essa outra opção não o empolgava. É claro que para um coração de mãe que quer facilitar a vida do filho isso era muita loucura para ela. Após o término da obra em que ele trabalhava, foi convidado por uma construtora a trabalhar na reforma da igreja Matriz, sendo o convite aceito prontamente.

Quem fazia os pagamentos era o padre monsenhor Ernesto, agora já mais velhinho. Ele o conhecia pelas missas e pela sua participação no grupo de jovens. Como Vitor era tímido, o padre, que era um italiano muito bravo, não tinha intimidade com ele. Quando o padre o viu na obra, o reconheceu e foi falar com ele. O padre perguntou pelo seu nome e perguntou se estava estudando – Vitor disse a ele que estava começando a faculdade e comentou que o seu sonho era ser professor e palestrante motivacional – e viu em seu rosto a expressão de encantamento. Após o papo, o padre disse a Vitor: "Parabéns. Que ideal belíssimo!". Vitor não se continha de alegria. Alguns dias depois, sem muito interrogatório sobre a sua vida, no dia do pagamento, o padre pagou o seu salário e veio com mais um pacote de notas miúdas, certamente recebidas na coleta da igreja e lhe disse: "Esse é para te ajudar na faculdade". Naquele instante, cheio de espanto, de alegria e de gratidão, Vitor ficou profundamente orgulhoso ao ser reconhecido e apoiado pelo padre. Isso lhe dava a certeza de que estava no caminho certo. Ao pegar aquela quantia extra, com suas mãos trêmulas, disse ao vigário: "Muito obrigado, padre. Pode ter a certeza de que isso vai me ajudar demais e que um dia vou retribuir à igreja e aos pobres!". Ele sorriu e saiu para dar lugar a outro operário que estava na fila para receber. Virou uma rotina: todo mês lá vinha o padre com um pacotinho de dinheiro extra para a sua faculdade. Não era um valor alto, dava para pagar um terço da mensalidade, mas era uma ajuda enorme.

A vida na faculdade

Quando entrava no ônibus escolar para ir para a faculdade, na cidade vizinha, tinha orgulho de si, sentia-se importante... Naquele tempo, era muito difícil fazer uma faculdade, e, por causa da falta de opção e pelo poder aquisitivo baixo da maioria do povo brasileiro, havia poucas faculdades na região. A cultura dominante da época dizia que a faculdade era só para os ricos e que não era acessível aos pobres. Ele tinha orgulho porque estava quebrando esse tabu, afinal, faculdade é para pobre também, desde que haja um grande ideal. No meio dos colegas de sala, a maioria filhos de famílias abastadas, lá estava ele, entusiasmado e esperançoso, e, sem dúvida, continuava sendo o mais pobre da sala, pois era o único estudante da faculdade queimado de sol e com as mãos calejadas. Em síntese, era um estranho pedreiro que virou universitário. Quando o cansaço e a fome apertavam na sala de aula, ficava pensando nas palavras de seu amigo pessimista. Quando o via indo para a faculdade dizia: "Vitor, cai na real. Você não tem condições de pagar uma faculdade. Lá só tem riquinho, filho de papai. Para de ter esse sacrifício. Você já é um bom pedreiro. Investe nisso e para com essa mania de grandeza!". Ele já havia abandonado os estudos. Suas palavras o tocavam muito forte naqueles momentos de penúria. Mas quando ele pensava no seu futuro e no tamanho de seu sonho, não tinha coragem de entregar os pontos. E para ficar fortalecido, pensava nas palavras de seu amigo otimista, que, a bem da verdade, continuava a encorajá-lo. Quando ele ficou sabendo que Vitor havia passado no vestibular, foi até a sua casa, deu um abraço demorado e sussurrou em seus ouvidos: "No dia de sua formatura, eu estarei lá para te aplaudir de pé, porque você é meu exemplo de inspiração. Continuo acreditando em você e torcendo pelo seu sucesso". Essas palavras o fortaleciam. Agora eles não eram colegas de sala mais. O Pedrinho parou de estudar e o Moisés foi para outra faculdade. Ademais, Vitor tinha o hábito de dar uma volta no pátio da escola e tomar uns goles de água para matar a fome. Foi orientado por um colega de faculdade que dizia: "Quando você estiver com fome e não tiver nada para comer, tome água; é uma forma de tapear o estômago e resistir mais um pouco". Assim ele fazia, dava uma volta no pátio da faculdade, espairecia a mente e retornava para a sala. Era o "aluno caxias", o primeiro a entrar na sala e o último a sair, e não queria perder nada, dado que honrava cada centavo daquele investimento.

Seu ídolo universitário

Por desejar ser um professor e um palestrante diferenciados, estava sempre procurando modelos de mestres para ter inspiração. Foi quando conheceu e se apaixonou pelo jeito especial de dar aulas do mestre Osorinho, professor de EPB (Educação e Políticas Brasileiras). Era um cara bem jovial, alegre, muito firme nas suas convicções, crítico ferrenho da ditadura militar e que estava caminhando para o seu final. O professor foi um dos guerreiros pelas Diretas Já em sua região.

Vitor começou a tomar um gosto especial pelas suas aulas, e, em pouco tempo, desenvolveu a consciência da estrutura de poder que havia no Brasil: uma minoria detinha o poder e a riqueza, enquanto a grande massa, o restante, era formada por pobres que trabalhavam para manter os privilégios da classe dominante; isso dava mais clareza sobre a realidade que viveu desde a sua infância. Aprendeu sobre a elite brasileira e o proletariado. Entendeu o porquê de toda a sua história de família. Era como se eles, os colonos da fazenda, fossem cidadãos de segunda classe. Enquanto que os fazendeiros, cidadãos de primeira classe. Com isso, o lugar em que havia um pedestal inacessível aos pobres não era para se misturar, de modo que agora fazia mais sentido a fala de sua mãe: "evite brincar com as crianças ricas". A consciência de classe social ampliou a sua visão sobre os problemas brasileiros e os de sua família. Tomou consciência de que o desafio era maior, ou seja, não bastava melhorar a vida de sua família, era preciso lutar por um modelo de governo que governasse para toda a população, respeitando e priorizando as necessidades dos pobres. Em resumo, abraçou a bandeira de seu professor Osorinho, assim carinhosamente apelidado pelos seus alunos. Era preciso disseminar a consciência da opressão que viviam os pobres e engrossar a fileira dos que deviam se unir para fazer do Brasil um país melhor, mais justo e mais igualitário para todos. Sem revolta e movido pelo amor a Deus, à proposta cristã, o seu entusiasmo agora era muito maior, pois não bastava tornar Jesus conhecido pelos jovens da pastoral da juventude, era preciso apresentar um Jesus comprometido com a justiça e com a opção preferencial pelos pobres. A faculdade fazia dele muito mais maduro e consciente de sua missão, pois isso aumentava ainda mais o seu orgulho por ser um jovem diferenciado, consciente, comprometido com o bem de seu país e um estudante universitário da classe proletária. Vitor parecia o rapaz mais feliz e realizado do mundo porque sentia que estava exatamente conectado com a sua missão.

De pedreiro a professor

No segundo ano de faculdade, recebeu um convite para ser professor de ensino religioso, haja vista que o professor dessa disciplina havia deixado o cargo para assumir outra matéria. Como ele era um jovem exemplar e comprometido com a fé cristã, foi agraciado com esse cargo. Outro encantamento, seu sonho parecia ainda mais próximo, veio quando Vitor deixou de ser pedreiro para ser professor de ensinos fundamental e médio, isto é, ia falar para adolescentes e jovens; um público que já era muito familiar para ele devido às atividades no grupo de jovens.

Sem sua primeira aula, quis juntar a sua consciência política aprendida na faculdade, a sua fé vivenciada no meio da juventude e ainda a sua experiência de pedreiro. Ficou pensando que tema abordar para impactar os seus alunos com a primeira aula, como faz o seu querido mestre Osorinho. Intuitivamente, decidiu ressaltar uma passagem bíblica em que Jesus fala a respeito de construir a casa sobre a rocha...

A casa sobre a rocha - Mateus 7:24-27

"Portanto, quem ouve estas minhas palavras e as pratica é como um homem prudente que construiu a sua casa sobre a rocha. Caiu a chuva, transbordaram os rios, sopraram os ventos e deram contra aquela casa, e ela não caiu, porque tinha seus alicerces na rocha. Mas quem ouve estas minhas palavras e não as pratica é como um insensato que construiu a sua casa sobre a areia. Caiu a chuva, transbordaram os rios, sopraram os ventos e deram contra aquela casa, e ela caiu. E foi grande a sua queda".

Como pedreiro, entendia muito sobre construção de casa, e, além do mais, Vitor estava falando com a juventude. Assim, deu um show de aula que marcou a vida de muitos jovenzinhos daquela época até hoje. Quando encontra algum aluno desse tempo, escuta a expressão: "Vitor, eu nunca me esqueci de sua primeira aula de ensino religioso. Por muito tempo, te via e lembrava da casa sobre a rocha e observava se minha vida estava de acordo com aqueles ensinamentos".

Com os professores, foi uma convivência maravilhosa. Assim, e pela primeira vez, Vitor sentia fazer parte do mesmo nível dos outros, bem como importante, e, com a consciência de classe que havia desenvolvido, todos estavam no mesmo barco, portanto, poucos professores faziam parte de uma classe mais privilegiada.

Sendo assim, Vitor era tratado com respeito e com validação. Seus alunos cada vez mais se tornavam amigos e admiradores. Estava conseguindo reproduzir o carisma do mestre Osorinho, então, conquistando alunos e adeptos de suas crenças idealistas.

O desemprego

Infelizmente aquele prazer durou pouco. No ano seguinte, uma professora com mais tempo de ensino pegou as suas aulas e Vitor ficou desempregado. Foi um tempo de muita penúria, pois não havia emprego. Voltar a ser pedreiro naquele momento era regredir muito. Por outro lado, onde iria tirar dinheiro para continuar pagando a faculdade? Tentou de todas as formas arrumar alguma coisa na cidade para trabalhar que estivesse ligada à área de educação, de comércio ou a um escritório até que aparecessem outras aulas, mas não conseguia nada. Resultado: teve que abandonar a faculdade, afinal, não tinha outra opção. Em seu último dia de aula, ficou por mais de duas horas trancado no banheiro da escola chorando a dor daquela triste decisão. Deixou a faculdade. Aquele seu amigo pessimista, que já morava fora, ficou sabendo do ocorrido e não deu outra: "eu te falei: fazer uma faculdade é só para quem tem dinheiro, não é para nós. Você conseguiu ir bem longe. Certamente, o que você aprendeu vai te ajudar a arrumar um emprego melhor. Tenha calma que com o tempo você arruma outra coisa". Ouvi-lo até que não doeu tanto, haja vista que ele foi mais compreensivo dessa vez. Mas quase morreu de vergonha quando o outro amigo inseparável veio procurá-lo. Era sempre assim: primeiro, vinha o pessimista bisbilhotar e criticar e depois vinha o cara a quem Vitor é muito grato. Tão querido como seus irmãos, sua situação era melhor do que a dele, mas os seus pais também lutavam muito contra aquela vida. Naquele dia, ele encontrou Vitor em casa. Vitor estava com sua úlcera atacada pelo sofrimento que passava. Moisés chegou, deu um abraço nele e disse: "Estou com pressa e não posso ficar muito tempo com você, então, quero apenas te falar uma coisa: não se deixe abater, pois sofrer uma derrota não significa perder a batalha. Continue firme em seu propósito. É só uma questão de tempo. As coisas vão melhorar. Você vai voltar para a faculdade e a sua luta vai continuar. Eu confio em você". Aquelas palavras eram como um bálsamo para a sua alma e para a sua dor de estômago. Ele tinha certeza de que iria voltar e de que não iria desistir nunca, já que a faculdade e os sonhos futuros eram o que o moviam. Três meses depois, Vitor conseguiu um emprego no escritório de uma pequena fábrica de confecção. O salário era baixo, apenas dava para ajudar nas despesas de casa e era impossível para pagar a faculdade. Mas, estava bom, pelo menos estava trabalhando e não teve que voltar a ser pedreiro. Nada contra a profissão de pedreiro, ele achava uma profissão linda, mas infelizmente pouco valorizada. "O pedreiro é um artista, haja vista que só ele é capaz de realizar os sonhos de tanta gente, ou seja, o sonho da casa própria", afirmava ele. Entretanto, o caminho que escolheu era diferente e não queria desviar dele voltando a ser pedreiro. O seu sonho depois do emprego era voltar a dar aulas. Com isso, aí sim voltar para concluir a faculdade. No ano seguinte, conseguiu novamente pegar aulas de ensino religioso, sobraram dez aulas, o número ideal para continuar trabalhando no escritório, dar aula e voltar para a faculdade. É claro que não tinha perdido a esperança, mas quando voltou para a faculdade o seu entusiasmo e a sua alegria voltaram com muito mais intensidade. Acabava perdendo algumas aulas da faculdade para lecionar, sendo ruim ter de abrir mão disso, mas as aulas lhe garantiam a faculdade e assim conseguiu chegar até o final do curso. No dia de sua formatura, além de sua família, estava lá no primeiro banco o seu inseparável amigo de infância que havia prometido comemorar consigo aquela conquista. Para a sua surpresa, estava também o Pedrinho mão de vaca. Vitor lembra que ficou ainda mais feliz por ele estar ali. Ele pensava diferente, mas provou que era um amigo de verdade.

A formatura

Não importava muito estar formado num curso de filosofia, pois para ele era como se formar em medicina, afinal, só ele sabia o que significava aquela conquista. Pela primeira vez em toda a sua vida, se olhou no espelho do clube vestido de beca, com cabelos bem cuidados e com o rosto radiante: se sentiu o cara mais bonito e mais importante daquele lugar. Não interessava se era apenas ele que tinha aquela autoimagem, uma vez que ela é o que interessava. Quando o seu nome foi pronunciado pelo mestre de cerimônia, estava em transe, não sentia os seus pés caminharem, parecia flutuar. Enquanto os seus pais e alguns irmãos o aplaudiam por aquele acontecimento, o seu amigo Moisés, junto de sua família e tão feliz como Vitor, levantou um cartaz com a frase: "Feliz de quem não desiste de seu sonho nobre". Aquilo traduzia tudo o que exalava de Vitor naqueles momentos. Sinceramente, esse seu amigo era um de seus grandes tesouros depois de sua família. O Pedrinho, ao lado de Moisés, também o aplaudia sem cessar. Vitor compreendia bem o amigo, afinal, ele não tinha culpa de ser assim. Vitor conhecia a sua história: o amigo foi estimulado a ver o lado sombrio da vida, não teve ninguém que o estimulasse a ver a vida por um modo mais otimista e era de uma família muito complicada.

E agora? Seguir a orientação do professor Clésio? Fazer jornalismo? Impossível naquele momento. Não havia a faculdade de jornalismo no interior. Ir para um grande centro? Não havia a menor condição. Como estava totalmente envolvido com a comunidade, na orientação de pessoas, já se sentia realizado, apesar das inseguranças profissionais. Com o curso superior completo, era mais fácil entrar na empresa de sua cidade, numa área de trabalho melhor e com chance de crescer na empresa. Resolveu continuar com as suas atividades, e, quando surgisse uma vaga, iria pleitear.

As novidades de família

Em casa, neste período, três de seus irmãos já haviam casado: a Glorinha, o Antônio e a Lourdinha. As despesas diminuíram, apesar de ter diminuído também a receita familiar, já que não tinha mais a ajuda financeira do Antônio, nem da Glorinha e nem havia mais o auxílio da Lourdinha, que era a ajudante de sua mãe. Mesmo assim, a situação estava ficando melhor, pois todos estavam trabalhando, haja vista que os irmãos mais novos cresceram. Com isso, era possível um pouco mais de qualidade de vida em casa. Seu cunhado havia adquirido um terreno com uma pequena casa e gentilmente a reformou para ceder à sua família com um aluguel bem abaixo do mercado. Como era pedreiro, ele mesmo fez grande parte da reforma e da ampliação para mais tarde vir a morar nela. Dado o fato, a casa ainda ficou pequena, pelo tamanho da família, mas estava mais confortável. Naquela ocasião, ficou combinado que só sairia dali para ir para a sua casa própria. Não sabia como, mas algo falava em seu coração que em breve estaria realizando esse sonho para si e para a sua família.

A faculdade, o escritório, o título de professor: tudo fez com que ele ficasse mais importante. Desse modo, melhorou muito a autoestima. Isso fez com que Vitor fosse mais proativo no grupo, expondo mais as suas ideias, debatendo com maestria temas ligados à juventude e aos problemas sociais, graças ao despertar da consciência crítica aprendido pelo querido professor. Começou a fazer algumas palestras em encontros de jovens das cidades vizinhas, e, em pouco tempo, tornara-se conhecido da juventude como um comunicador persuasivo e motivador. Muitos diziam que ele tinha o dom da palavra. Na verdade, o que ele tinha mesmo era uma obstinação por fazer um mundo melhor para ser vivido não mais só para a sua família, mas para todas as famílias de baixa renda do país. As suas palestras tinham fundo religioso, mas com forte apelo à conscientização da juventude com o compromisso de ajudar a fazer um mundo melhor, mudando os seus comportamentos, denunciando as injustiças e assumindo um papel de transformação da realidade social de maneira firme, coerente, sem violência e sem revolta.

Seus líderes inspiradores

Naquela época havia duas correntes religiosas muito fortes: uma conservadora, muito tradicionalista, que, de alguma forma, cuidava apenas do tradicional da igreja, pregando um Deus desencarnado da realidade. Esse tipo de igreja muito interessava ao poder dominante, pois esse não ficava comprometido. Muitos poderosos que oprimiam os seus empregados com baixos salários e com maus-tratos eram muitas vezes os benfeitores da igreja. Como dizia Karl Marx: "A religião era o ópio do povo". Essa igreja continuava sendo o ópio do povo.

Em contrapartida, havia outra comprometida com o sofrimento do povo oprimido que recebia salários injustos nas fazendas, nas fábricas e no comércio, possuindo poucos direitos e garantias sociais. A ditadura militar foi tão devastadora que a sua prática de gestão virou cultura em muitas empresas e nos modelos educacionais escolar e familiar. O chavão "manda quem pode e obedece quem tem juízo", era a lei que imperava, inclusive dentro das famílias, salvo raríssimas exceções. A concentração de renda nas mãos da minoria tornava os ricos cada vez mais ricos e os pobres cada vez mais pobres, sendo que a força que mantinha essa estrutura era chamada de capitalismo selvagem.

A teologia da libertação

A corrente denominada teologia da libertação, ligada à igreja católica, surgiu para lutar por um Brasil mais justo, assumindo as dores dos oprimidos e denunciando aquele regime opressor, da ditadura militar e do poder econômico, com base na proposta de Jesus que deixou muito claro em seu evangelho a sua opção pelos pobres e oprimidos. Os expoentes dessa corrente foram frei Leonardo Boff (um dos teólogos mais brilhantes da igreja) Dom Helder Câmara, frei Carlos Mesters, frei Betto, Dom Evaristo Arns (o arcebispo da diocese de São Paulo), Dom Luciano Mendes (presidente da CNBB; conferência dos Bispos do Brasil) e Dom Pedro Casaldáliga (bispo de uma das regiões mais violentas do Brasil, na época conhecida como "bico do papagaio"). A sua defesa a favor dos pobres o levou a sofrer muitas ameaças de morte. A somar, esses eram os líderes inspiradores para Vitor. Eles pregavam uma igreja viva, que assumia a voz dos que não tinham voz, e acolhiam todos, formando consciência e pregando a união dos fracos para lutar contra a ditadura dos poderosos. Junto com esses líderes religiosos, vieram muitos intelectuais como o jurista Dalmo Dalari e Paulo Freire. A organização do povo ocorreu por meio das CEBs – comunidade eclesial de base – nas periferias das cidades e no campo. Elas foram formadas para apresentar uma igreja aliada aos pobres, mostrando um Jesus que era o seu aliado, desenvolvendo consciência política, afirmando que aquela estrutura de poder só mudaria caso mudassem os políticos, caso entrassem políticos interessados em criar leis que os protegessem.

Era impossível mudar aquela realidade de maneira mais profunda sem mudar o modelo de governo existente, haja vista que era preciso mudar a mentalidade política. Nessa época, havia algumas lideranças políticas, estudantis, artísticas e musicais, como Chico Buarque, Elis Regina, Caetano, Gilberto Gil e outros, além dos intelectuais e de lideranças sindicais que estavam no mesmo barco, posto que defendiam a mesma bandeira. Havia um tal de Luiz Inácio Lula da Silva, que se afirmava como o maior líder sindical da história, alcançando grandes avanços para a classe trabalhadora, conseguindo mobilizar todos os operários de sua categoria. Muitas pessoas adeptas desses sonhos desapareceram, isto é, algumas torturadas e outras mortas no período cruel da ditadura, especificamente nas décadas de 60 e de 70. Era início dos anos 80, período de transição entre a ditadura e as Diretas Já. O professor Osorinho era um dos adeptos dessa linha de atuação e foi o primeiro a apresentar toda essa gente inspiradora a um idealista como Vitor.

Vitor percebia que todos os valores ensinados pelos seus pais na infância encontravam ressonância neste momento. Os valores que eles tinham ensinado eram a bandeira defendida por todo aquele grupo de idealistas.

A sua empolgação estava a mil, pois estava vivendo uma fé que falava a sua língua, que vivia a sua história, e, mais importante ainda, não estava sozinho, pois toda essa multidão estava com ele. Entrou de cabeça nesse movimento fazendo cursos e buscando uma capacitação cada vez maior nos ensinamentos da teologia da libertação, deixando ser guiado pelos seus mestres inspiradores.

Não bastassem todas essas lideranças brasileiras, ainda conheceu as histórias de Madre Tereza de Calcutá na Índia; num trabalho radical com os pobres e moribundos de seu país. A figura inspiradora de Gandhi; também da Índia. Mandela; na África. Martin Luther King; nos Estados Unidos. O ideal que o despertou lá na zona rural, quando tinha sete anos, agora ganhava muito mais forma e conteúdo. O seu desafio não é mais apenas o bem-estar de sua família, e sim a dignidade de todos os sofredores, vítimas do capitalismo concentrador. Assim, Vitor conquistou muitos jovens com essa nova missão. A juventude daquela época era um campo fértil para essas ideias revolucionárias. Na verdade, todos eram vítimas. A juventude não tinha nada a perder. A luta por dias melhores garantia o seu futuro. É claro que havia uma massa de jovens alienada e anestesiada por uma religião espiritualista, e de um Deus distante do povo, e desinteressada por essa causa, mas o movimento da teologia da libertação crescia.

A política

Vitor, consciente de todo o aprendizado adquirido dessas lideranças, sabia que o melhor jeito de tornar realidade os seus sonhos era militar na política, a fim de colocar representantes no poder, para que defendessem o povo oprimido. Agora não estava só na pastoral da juventude, mas também nas CEBs (Comunidade Eclesial de Base) ligadas à teologia da libertação. Os grupos das CEBs tinham por objetivo orientar os cristãos para uma prática religiosa comprometida com a transformação da sociedade por meio de ações concretas em favor dos mais injustiçados, o que naturalmente o levou para a política. Alguns companheiros de CEBs e da pastoral da juventude apresentaram Vitor aos políticos idealistas que acabavam de criar o Partido dos Trabalhadores (PT), que por sua vez também tinha o apoio de intelectuais, dos líderes da teologia da libertação e de vários artistas. Luiz Inácio Lula da Silva, já naquela época, era o Lula, líder nacional e maior expoente do partido. Por morar no interior, o partido ainda não encontrava apoio popular, pois as cidades do interior eram muito conservadoras e assustadas pelos estragos da ditadura militar. Em suma, não era bom estar alinhado a partidos comunistas de esquerda, a fim de não sofrer perseguição dos que detinham o poder na época. Muitos ficaram vários anos defendendo a bandeira política de esquerda na clandestinidade porque ainda eram muito discriminados pela sociedade conservadora e até por uma ala da igreja. Tinham consciência de que era preciso persistir e resistir, porque um dia, no futuro, ganhariam força e chegariam ao poder; aí então o povo teria a sua representação e implantaria o sonho de uma sociedade democrática, justa e igualitária.

Relacionamento

Vitor tinha muitos amigos e era muito querido e respeitado. Era o psicólogo da turma, pois estava sempre ouvindo os desabafos dos jovens e ajudando todos eles na busca por saídas para as suas questões de conflitos e de angústias. Isso deixava os jovens cada vez mais sensíveis e amantes da alma humana. Poder ser útil àqueles jovens de coração ferido era a sua grande satisfação.

Na área afetiva, continuava sem namorada, pois escolheu ficar sozinho, sobretudo depois de sua primeira ilusão perdida. Ficou com medo de se apaixonar fora do tempo e desertar de seus ideais para casar e viver apenas para a sua família. Vale lembrar que neste tempo a maioria dos jovens namorava para casar. Os seus namoros eram para conhecer alguém, alinhar as ideias, casar, ter filhos e pronto. Vitor era também diferente nesse quesito, pois tinha um sonho de casar e de ter filhos, mas primeiro queria a realização profissional, ou seja, dar uma casa para os seus pais morarem e só depois encontrar uma moça que comungasse de seu ideal para construírem juntos uma vida a dois.

Como disse antes, Vitor estava numa fase muito boa, a melhor da sua vida até o momento, e só faltava um emprego melhor ou mais aulas. Vale lembrar de que àquela altura já havia tentado vários testes para vagas em escritório da fábrica de cimento. Contudo, sempre havia um amigo do gerente que garantia a vaga para o seu filho. Vitor não tinha ninguém que pudesse ser o seu padrinho. No final do ano de 1984, com 26 anos, como de praxe, fez as suas metas para o ano seguinte. As principais eram: começar a construir a casa para os seus pais (já tinha comprado o terreno), arrumar um jeito de melhorar os seus resultados financeiros e arrumar uma namorada para casar até os 30 anos. Definiu inclusive como seria a moça que queria ter como sua pretendente: precisava ser uma menina inteligente, comprometida com os problemas sociais como ele, de sua religião, que tivesse amor pela sua família, que não fumasse e que fosse simples e desencanada.

Lições de *coaching*

Quais os líderes que influenciaram a sua vida na juventude?

_____

_____

_____

_____

_____

Quais são os aprendizados das experiências de sua juventude?

_____

_____

_____

_____

O que você tem a aprender com a experiência e com as atitudes de Vitor neste capítulo?

_____

_____

_____

_____

Vitor foi profundamente comprometido com os problemas sociais de sua época, na juventude. Quais são os seus compromissos sociais com a sociedade em que você vive?

_____

_____

_____

_____

A espiritualidade de Vitor o moveu a viver uma vida coerente, ética e sensível a causas humanitárias. O que a sua espiritualidade tem sensibilizado?

_____

_____

_____

_____

_____

Capítulo 6

O ano de grandes realizações

"Quando uma criatura humana desperta para um grande sonho e sobre ele lança toda a força de sua alma, todo o universo conspira a seu favor."

Goethe

No dia 15 de janeiro de 1985, Vitor realizou o sonho de sua mãe, e, posteriormente, o seu próprio sonho de entrar na fábrica de cimento. Como tinha curso superior, conseguiu uma vaga numa área mais valorizada do que as conquistadas pelos seus amigos sem graduação. Tratava-se de um emprego cobiçado pela maioria dos jovens de sua época – entrou na Votorantim Cimentos. Naquele tempo ainda era Cimento Itaú, depois a empresa foi comprada pelo grupo Votorantim. Para tanto, Vitor foi integrado ao departamento administrativo e o seu salário mais do que dobrou. Após o período de experiência, iniciou a construção da casa de seus pais.

A conquista da namorada de seus sonhos

No dia 27 de junho do mesmo ano, encontrou sua namorada. Para a sua surpresa, ela estava tão próxima. Em suma, participava com ele do mesmo grupo de jovens e atuava junto com ele nas atividades sociais. Ela sempre estava namorando, mas naquela ocasião estava sozinha, ou seja, solteira, como diz a juventude hoje. Isso fez com que fossem estreitando os laços. Ela tinha um bom papo, era muito alto-astral, era feliz e dava umas boas gargalhadas por poucas coisas. Aquilo o encantou, pois ele teve de levar a vida tão a sério que era raro dar boas gargalhadas. Na festa junina que promoviam todos os anos, ficaram na mesma equipe de organização. Ao ficarem muito juntos e ao levá-la para a casa após a festa, o grupo percebeu que havia coisa mais séria entre eles. Foi assim que no dia 27 de junho, em clima de brincadeira, foram apresentados pelo animador da festa para todo o público como o mais novo casal que a festa junina havia formado. O fato de serem muito conhecidos gerou muitas brincadeiras e gozações saudáveis, fortalecendo ainda mais aquela relação que havia começado.

Por incrível que pareça, ela possuía todas as características que Vitor havia definido. Era de uma família numerosa como a dele, sua família era muito unida e não só era da religião de Vitor, tal como participava dos mesmos grupos da igreja. Era inteligente, não fumava, muito sensível aos problemas sociais, simples e desencanada, e, de quebra, muito alto-astral. Vitor estava vivendo o auge de sua felicidade. Nunca se sentiu tão feliz como naquele ano. Não era para menos, veja só, estava no emprego desejado, construindo a casa para os seus pais, realizando os seus mais antigos sonhos e um sonho de criança e ainda estava namorando uma moça que preenchia todos os requisitos definidos por ele. Não tinha jeito de ser mais feliz.

Enfim, a casa pronta

Em outubro daquele ano, a casa estava pronta. Agora, pela primeira vez em toda a sua história, Vitor tinha um quarto que era só seu e, por prazer maior, feito por ele. Era uma casa simples, mas a maior casa que já moraram em toda a sua vida. A cozinha dos sonhos de sua mãe, enorme por sinal, servia para receber a família e os amigos. Quando mudaram para a nova casa, a sua emoção e a gratidão a Deus foram tão grandes que ficou várias noites sem dormir de tanto entusiasmo. Agora, o seu pai não precisa mais se humilhar para alugar uma casa e ter dificuldades para pagar o aluguel. Agora, a sua mãe não precisava mais fazer comida numa cozinha apertada e ver os seus filhos ficarem esparramados pela casa para fazer a refeição. Agora, os seus irmãos não precisavam dormir amontoados como se fossem animais. Agora, os seus parentes tinham uma casa ampla, novinha e cheirosa para recebê-los. Vitor dizia a seus pais e irmãos: "mudamos de vida, deixamos de ser pobres para sermos prósperos". O simples fato de termos casa própria num bom bairro nos deu o *status* de família bem-sucedida, até porque os seus irmãos também estavam trabalhando em empregos melhores. Três já haviam se casado: a Glorinha, o Antônio, que muito contribuiu com a melhora da vida em casa por ser muito esforçado e trabalhador, e a Lurdinha, sua irmã mais nova. A sua mãe, em sua imensa alegria, definiu a nova morada como o seu pedacinho de céu. A sua alegria era contagiante. Fazendo uma avaliação daquela grande realização e observando tantos desafios enfrentados até ali, Vitor percebia o quanto Deus é caprichoso, pois ele não apenas lhe deu condições de construir a sua casa, mas o ensinou a ser pedreiro para entender melhor sobre casa e para que ele mesmo pudesse ajudar a construir a sua, sendo pedreiro nos fins de tarde e nos fins de semana. Isso tornou a realização de seu sonho mais prazerosa.

O seu casamento

No ano seguinte, realizou o outro sonho: se casou. A meta era casar com a pessoa idealizada aos 30 anos, mas atingiu o sonho um ano antes, casando-se aos vinte e nove. Refletindo sobre o poder que temos para realizar os sonhos, essa experiência comprova que o melhor jeito de mudar a nossa realidade é dizendo para Deus o que queremos da vida. Alguns passos importantes que aprendeu nas realizações desses sonhos foram:

1- Inconformismo – não se conformar com a sua realidade, mas, sem revolta, buscar uma maneira de criar a realidade de seus sonhos.

2 – Definir o que se quer da vida – criar sonhos.

3 – Transformar os seus sonhos em realidade.

4 – Ir à luta rompendo cada obstáculo e sem desistir. Este é o caminho do sucesso: o segredo de como fazer a diferença.

5 - O que difere um vencedor de um perdedor é uma coisa só: os perdedores desistem de seus sonhos diante dos obstáculos. Os vencedores seguem em frente, transpondo cada um deles.

A vida de casado

Vitor desfrutou pouco da sua casa nova, mas a causa era nobre. Não ia ter apenas um quarto para si, ia ter uma casa para ele e para a sua esposa. Seria alugada, a princípio, mas em breve construiria a sua. Àquela altura, o seu relacionamento estava bem sedimentado, de modo que havia uma convicção mútua em seus corações sobre o querer bem. Era uma nova etapa para Vitor e seus irmãos: seus pais já tinham casa própria e eles tinham um bom emprego. Era hora de ir em busca de seus sonhos a dois: casa e filhos. Quatro anos depois, sua casa estava construída e os seus dois filhos já tinham nascido: o Danilo e a Elisa. Dois filhos maravilhosos e do jeitinho que Vitor havia sonhado.

Atividades religiosas

Vitor e a esposa continuavam no grupo de jovens. Era um casal jovem no meio dos jovens a dar o exemplo sobre o relacionamento de casais, confidentes dos casais de namorados e orientadores. Vitor e sua esposa continuavam também nas CEBs e no partido político. Cada vez mais se confirmava a importância de ter casado com uma moça que gostava das mesmas coisas que ele. Ela era a sua grande parceira. Os seus filhos foram criados junto da turma, assim, os jovens do grupo se revezavam pajeando os filhos enquanto participavam das atividades. Isso contribuiu demais para a educação de seus filhos. Vitor e sua esposa fizeram deles crianças muito fáceis quanto à socialização.

Seus valores de família foram mantidos, só que numa versão moderna

Vitor conseguiu ser um pai exemplar com os valores aprendidos de seus pais, mas com mais habilidade para lidar com os filhos. É também um esposo mais assertivo na parceria e na cumplicidade conjugais. É claro que é uma pessoa muito mais instruída intelectualmente e mais preparada para a vida. Um dos valores que mais o moviam era a sua preocupação com os excluídos da sociedade. As suas ações principais buscavam a melhoria de vida dessas pessoas.

Nessa época, criaram a campanha do natal da criança carente que envolvia toda a cidade, a fim de que os mais abastados se tornassem o papai Noel de uma criança carente. Após levantar os nomes e endereços das crianças necessitadas, informavam mediante uma cartinha as necessidades daquela criança para que ela pudesse ser correspondida na sua ilusão de um papai Noel. Fizeram isso durante muitos anos para que nenhuma criança sofresse a decepção de ver as outras com presentes e elas sem nada, de modo que não vivessem a experiência de Vitor achando que o papai Noel não gostava de criança pobre. Até hoje essa campanha continua sendo feita, embora de outra forma, seguindo com o mesmo propósito. Movido pelo desejo de não deixar nenhuma criança viver as suas frustrações de infância, isto é, sem presente no natal, dedicava todo o seu tempo nos dias que antecediam o natal para garantir que todas as crianças tivessem o direito de manter vivas as suas ilusões. A vida transcorria normalmente. Vitor estava trabalhando numa grande empresa. E sua esposa, bancária, estava muito bem relacionada em seu serviço. Seus filhos cresciam em tamanho, sabedoria e graça. Era um casal modelo e muito feliz, ou seja, envolvido com os trabalhos sociais e com a causa dos pobres e da juventude.

O mandato de vereador

Movido pela ideia de ver uma cidade governada pelos ideais que defendia e apoiado pelos seus amigos de trabalhos sociais, Vitor foi candidato a vereador. Pelo fato de correr muito dinheiro em sua cidade, ao passo que era uma cidade pequena e com uma boa arrecadação de impostos, o cargo público de vereador ou de prefeito era muito cobiçado. Os políticos gastavam muito dinheiro para ser eleitos, a maioria deles à custa da compra de votos, aproveitando das necessidades e das ingenuidades dos pobres. Vitor entrou na política por outros motivos já relatados, isto é, o seu ideal de justiça social e o fazer política de mãos limpas foram as causas para essa empreitada. Os seus amigos mais íntimos, o superpositivo e o supernegativo, estavam juntos nessa decisão. Vitor lembra até hoje de suas palavras. O Pedrinho tentava eliminar a ideia dizendo: "Política é coisa suja e você é muito correto para entrar nesse meio. Sai fora disso. Além do mais, para ser eleito tem que gastar muito dinheiro e você não tem dinheiro para isso. E outra coisa, não adianta você ficar aí com esse seu idealismo achando que os pobres vão votar em você porque você é diferente e por estar comprometido com eles. Na hora do voto, eles vão votar em quem der mais pelo seu voto. No seu lugar, eu cairia fora disso". O outro incentivava o objetivo: "Vai firme, Vitor. Não dê ouvidos ao Pedrinho. Tenho certeza de que você vai ser eleito. Você é uma pessoa muito querida. Você vai fazer uma política diferente e vai mudar o rumo da política em nossa cidade. Sou o seu aliado. Pode contar comigo". "Quanto a isso, você pode contar comigo também, só acho que você vai ficar decepcionado", concluiu Pedrinho.

Vitor foi eleito sem gastar dinheiro, apenas obteve um valor irrisório com a impressão de um panfleto em que apresentou as razões que o levaram a entrar para a política. Assim, fez parte da bancada de oposição, mas o seu candidato a prefeito não foi eleito. No mais, houve a criação de uma equipe de apoio para o mandato de Vitor. Todo o seu salário de vereador era destinado a trabalhos sociais, ou seja, não gastou sequer um real em benefício próprio. Vitor prestava contas de todas as ações do mandato e denunciava todas as ações da prefeitura que serviam apenas aos interesses de classes privilegiadas, deixando a população mais carente, sobretudo os que viviam nos bairros distantes do centro, à mercê do progresso da cidade. Além do mais, Vitor colocava em prática os ideais das comunidades eclesiais de base e a bandeira defendida pelo PT (partido dos trabalhadores), o seu partido recém-criado. Essa postura rendeu para ele muitas perseguições, processos e até ameaça de morte, a fim de que ele fosse intimidado, mas isso só o fortalecia. Para melhor atingir os cidadãos e conscientizá-los de seus direitos, houve a criação de associações de moradores em todos os bairros e ele mesmo tratava de estar com eles para, em parceria, buscar os recursos que o seu bairro precisava junto com a prefeitura, principalmente para melhorar as escolas, as creches, a área de lazer e o calçamento de ruas. Apesar da perseguição, era um trabalho gratificante. Todos os meses a cidade recebia um jornal de prestação de contas do mandato.

A derrota política e o fim de um sonho

O mandato caminhava para o final. Vitor foi boicotado em todos os projetos que apresentou na Câmara, pois os seus opositores não apoiavam nenhum para que Vitor não aparecesse como um bom político. Entretanto, ficou do lado do povo, conscientizando-o a conhecer e cobrar os seus direitos de cidadão. Vieram as novas eleições, e, apesar de muitos desgastes, decidiu que devia ser candidato novamente, uma vez que não podia abandonar a causa. Como havia feito um excelente mandato, acreditava que seria reeleito mais facilmente. Para a sua decepção, o pessoal da situação se organizou para comprar os votos de seus possíveis eleitores de baixa renda, que por sinal eram os seus protegidos, e, com isso, conseguiu minar muitos votos e eliminar aqueles que moralmente seriam os votos de Vitor. Para a sua desagradável surpresa, Vitor foi derrotado. Embora tivesse tido uma boa votação, não foi o suficiente para ser eleito. Foi criticado por muitos deles dizendo: "O que adiantou o seu idealismo com os pobres? Eles não têm fidelidade e votam para quem dá mais".

O seu amigo negativo veio com tudo: "Não te falei, Vitor? Olha o resultado de seu idealismo. Política é isso. O povo não sabe votar...". Nesta hora, Vitor não podia discordar dele, e apenas dizia: pelo menos eu dei o exemplo de como fazer política justa. Nessa época, Moisés, o seu grande apoiador, estava morando fora a trabalho, ou seja, não tinha o contato dele, pois ainda não havia celular. Ficou sem o apoio de seu grande amigo. É claro que, à sua maneira, Pedrinho também contribuía muito.

Um dos vereadores, aquele que havia ameaçado o Vitor de morte na Câmara, após um discurso ferrenho que fez na tribuna, por sua vez defendendo um projeto que havia apresentado, no final da legislatura daquele ano pediu desculpas em público pelo ocorrido dizendo: "Sei que o jeito certo de fazer política é o seu, e, como eu não sei fazer igual a você, saio da política e serei o seu eleitor enquanto você for candidato". Isso se cumpriu e ele não mais se candidatou.

Equivocadamente, Vitor acreditava que fazendo um mandato justo e atuante não sairia mais da política e poderia realizar o seu sonho: construir uma cidade que serviria de modelo de gestão e que promovesse o bem-estar e os direitos iguais do cidadão, independentemente de sua classe social, de sua religião e do bairro onde morava. Dinheiro para isso havia. Mas estava equivocado.

Da utopia para a realidade

Não bastasse essa experiência, mais tarde o PT e o Lula ascenderam ao poder, como é do conhecimento de todos. A bela bandeira defendida pelo partido e por Lula, que Vitor comungava exatamente o que eles acreditavam sobre política e justiça social, não se concretizou da forma esperada. Após a sua chegada ao poder, o seu ideal e o de sua equipe foram deteriorados pelas benesses do poder. Houve sim mais conquistas sociais, mas não se concretizou o que os petistas históricos esperavam. Vitor tem consciência de que fez como vereador exatamente o que o partido pregava e foi ainda além. Assim, caso ocupasse um cargo mais elevado no plano político, com certeza manteria a sua posição, pois o seu ideal era sustentado na sua fé cristã, encarnada em seu modo de viver e em seus valores de família, o que fez dele um homem de princípios e de caráter sólidos. Não fez o que fez por vaidade pessoal, nem para ter benefício próprio em seu mandato, mas sim pelo bem de seu povo sofrido e pelo bem de toda a sociedade, apesar de ter sido muito ingênuo.

Lições de *coaching*

Vitor realizou o mais antigo sonho de sua vida, depois de tantas lutas e de tantos sacrifícios. Na sua opinião, quais foram os fatores determinantes que o levaram a realizar o seu sonho?

Neste capítulo, Vitor viveu o seu auge, com a realização de seus maiores sonhos, e amargou o maior fracasso de sua vida. O que isso te ensina?

Na sua opinião, em que ponto Vitor falhou para cometer a sua maior derrota?

Quais os aprendizados você tira deste capítulo para a sua vida?

Capítulo 7

Do fracasso a maior realização da vida

"O único homem que não comete erros é aquele que nunca faz coisa alguma. Não tenha medo de errar, pois você aprenderá a não cometer duas vezes o mesmo erro."

Roosevelt

Após a sua derrota política, Vitor ficou profundamente deprimido, chegando a brigar com Deus. Ademais, achou que Deus não foi o seu aliado naquele projeto tão bonito que tinha: fazer um governo justo e que procurasse primeiro cuidar dos injustiçados da sociedade. Não era justo ele deixar o Vitor perder a eleição, já que era a sua fé e o seu amor por ele que o moviam naquele ideal. A sua fé consciente o convencia de que Deus estava acima disso, isto é, ele sempre tem um propósito maior para nós e que a nossa mente é incapaz de imaginar, mas ele precisava responsabilizá-lo naquele momento para não sofrer a culpa sozinho por não ter sido reeleito. Vitor ficou mal por vários meses. Durante esse período, refletiu sobre como resgatar a sua motivação de vida, já que o quê mais o movia não lhe pertencia mais. O seu emprego não propiciava, e já não dava mais prazer, a única coisa boa que ele tinha era a segurança financeira, mas isso era muito pouco naquele momento. Para complicar ainda mais, a sua esposa, que era bancária, foi demitida. Ele que sempre foi o cara entusiasmado da equipe, o motivador da turma, estava lá deprimido e tomando remédio tarja preta para ficar em pé.

O deserto interior

Uma prática que o acompanhava desde a juventude era buscar no seu deserto interior a renovação de suas forças, encontrando resposta e solução para as suas angústias. Com isso, meditou e refletiu. Queria saber onde foi que havia errado, já que tinha um projeto político tão nobre. Vitor quis descobrir o porquê de sua decepção tão forte, já que a derrota poderia durar só quatro anos, podendo ele ser candidato novamente e voltar com mais experiência e sabedoria para buscar a reeleição de novo e retomar o seu ideal. Enquanto refletia sobre tudo isso, vieram algumas repostas muito interessantes:

1ª – "Seja manso como as pombas, mas astuto como as serpentes."

Por acaso, veio à tona de modo muito forte esta frase do mestre Jesus. Vitor estava refletindo e tendo a consciência de que foi muito ingênuo, dado que acreditava que bastasse fazer um mandato diferenciado e prestar contas dele que automaticamente seria reconhecido e valorizado por meio do voto na próxima eleição. Tamanho engano! No mais, Vitor esqueceu de que a maioria dos eleitores é formada por pessoas pouco esclarecidas, com baixo poder aquisitivo, geralmente com pouca escolaridade, acostumada a lutar pelo seu sustento a duras penas, e, na hora do voto, muitos eleitores são levados pela solução imediata, tentando algum benefício pessoal com a venda de seu voto. Para mudar isso, era preciso um trabalho mais longo e contínuo. Era preciso educá-los politicamente e formar uma consciência crítica: tarefas que levariam um bom tempo.

2ª – O conselho de seu amigo pessimista

Naqueles dias, o seu amigo pessimista o procurou novamente dizendo: "Vitor, eu sei o quanto você está sofrendo, sei também que você não gosta das minhas opiniões, mas eu estive pensando muito em você ultimamente e gostaria de partilhar com você algumas sugestões para dar seguimento à sua vida. Quero falar com você sobre isso, mas sozinhos, só nós dois. Depois você troca ideia com quem você quiser, mas desta vez quero estar só com você". Vitor relutou um pouco, pois já estava mal. Ele poderia aumentar ainda mais a sua dor, mas estava precisando também ouvir umas verdades. Assim, aceitou e marcou com ele na sua casa, após o expediente do trabalho. No horário combinado lá estava ele. Deu-lhe um forte abraço, e, em seguida, ao vê-lo com uma imagem abatida, disse: "Meu amigo, você é muito maior e mais forte do que essa derrota. Pare de sofrer!"". Aquelas palavras vindas justamente dele tocaram profundamente o seu coração, haja vista que não conseguiu segurar as lágrimas, limpando-as rapidamente para que não tivessem valor, e foi logo agradecendo por suas palavras de saudação. Depois que se acomodaram em seu escritório, ele continuou: "Vitor, eu sei que você tem pensado bastante sobre a sua derrota e que tem aprendido muito sobre ela. Eu também tenho pensado muito nela e tentado te ajudar a aprender com ela. Sei que não sou bom conselheiro, mas você sabe que sempre defendi a ideia de que não devemos ser otimistas demais para não haver decepção. Sempre te admirei, pois você é o meu maior modelo de ser humano, é íntegro e sonhador. Seria muito injusto não estar do seu lado nestes momentos. Olha, você sabe que nunca fui muito ligado nesse Deus que você acredita, mas tenho pensado no seguinte: será que ele não te fez experimentar essa derrota para dizer que ele tem um plano melhor para você? Será que não é hora de você pensar no seu futuro, fora da política, escolhendo outro tipo de atividade social ou profissional que possa lhe dar prazer e sendo útil à humanidade, sem que haja tanto estresse como no mundo da política? Eu entendo muito pouco sobre religião, mas o meu pai me fala sempre que tudo o que nos acontece tem um propósito bom. Você, com a sua fé, tem sabedoria suficiente para aprender sobre isso. Olha, pode ser duro para você ouvir isso, mas continuo com a mesma posição desde antes de você entrar na política: política não é para você, meu amigo. Você merece coisa melhor!"". Era difícil ouvir as palavras do amigo, mas pela primeira vez elas aquietavam o seu coração e o faziam pensar diferente. Agradeceu pelo seu apoio e pela sua preocupação com ele dizendo que iria pensar muito sobre elas.

3ª – Sua voz interior continuava dando uma dura:

Enquanto ficou pensando sobre os questionamentos do seu amigo, de repente vem do fundo de sua alma uma pergunta: "Vitor, o seu trabalho é a atividade que você deseja para ter aposentaria?". "Não", respondeu automaticamente. A voz continuava: "Se não é, por que você continua nele? Está na hora de levantar a cabeça, abandonar o passado e buscar uma nova atividade que te traga mais realização, um trabalho pelo qual haja o desejo para trabalhar até a aposentaria e ainda após a aposentadoria". Tudo isso passou a deixar o Vitor desatinado, mexido, mas com uma alegria diferente e que o fez mudar de foco e pensar para a frente. Estava ainda muito difícil concordar com a ideia de que deveria abandonar a política, mas o desejo de continuar nela perdia as suas forças dentro dele. Ao mesmo tempo em que ele se motivava pensando em algo diferente para fazer, pensava na sua dura realidade: esposa desempregada, dois filhos pequenos e apenas ele trabalhando e num emprego infeliz, fora que estava decepcionado e doente... Era uma carga pesada demais, e, além disso, não era nenhum jovenzinho entrando no mercado de trabalho, dado que já tinha acabado de completar 38 anos.

A difícil decisão

Essas reflexões trouxeram algumas certezas: abandonar a política e seguir a orientação de seu amigo. Realmente a política por ideal e de maneira puritana, como era o seu caso, estava fazendo com que Vitor pagasse um alto preço. Além de doente e de derrotado, Vitor ainda fez vários inimigos políticos devido às suas convicções firmes e muitas vezes radicais demais. Não iria se acovardar, não abandonaria o ideal de promover a vida e a dignidade das pessoas, mas iria encontrar uma maneira diferente de fazer isso. Decidiu também que não continuaria na empresa por muito tempo. Não sabia como e nem o que fazer para mudar aquela realidade, mas essa decisão já o aliviou bastante. Mudou o foco e parou de ficar preso ao passado, de modo que o seu deserto interior o fez tirar as lições positivas do fracasso para seguir em frente, resgatando o seu ideal e sonhando com os objetivos novos. Em seu estado reflexivo, buscou no passado o que ele mais gostaria de fazer e que pudesse gerar mais felicidade, podendo também resultar num retorno financeiro. Lembrou de que há cerca de quinze anos, quando era palestrante nos encontros de juventude, sonhava em viver com aquele tipo de atividade, ganhando dinheiro com a formação humana de jovens e de adultos, de maneira que pudesse não apenas trabalhar a espiritualidade, mas o desenvolvimento integral das pessoas. Poxa, lembrar disso fez o seu coração bater forte, pois percebeu que aquele ideal estava muito impregnado em suas ações. Vitor continuava fazendo palestras motivacionais não só para jovens, mas em empresas, nas Sipats, sempre com foco no desenvolvimento humano, mas eram atividades gratuitas, embora fosse possível buscar mais profissionalização e gerar renda com essa atividade, já que tinha tanta experiência na área. A política havia cegado Vitor em relação a essa atividade. Todavia, a grande questão era: como fazer gerar renda com as palestras, já que não tinha nenhuma formação específica para trabalhar com isso? Estava agora ansioso por descobrir como fazer essa atividade virar profissão. Contudo, de qualquer forma estava sentindo uma alma nova e com um novo alento.

A grande descoberta

Alguns dias se passaram enquanto ficava absorto naquelas ideias. Desta forma, recebeu um recado de um amigo que não encontrava há mais de 15 anos, isto é, tratava-se de um padre de uma congregação que trabalhava com a juventude. Vitor por diversas vezes foi o seu aluno em seus cursos, e, por causa de sua dedicação, fez parte de sua equipe como suporte nos trabalhos de juventude. Eles ficaram separados porque naquela época esse padre foi transferido para uma cidade muito distante da sua, e, com isso, perderam o contato. Esse seu amigo, o querido padre José Osvaldo, era conhecido como Pe. Zé O. Ele mandou o seguinte recado por outro amigo em comum e seu colega de trabalho, o amigo Joel Ferreira, a quem Vitor sempre estima muito como aliado de seus sonhos: "Fale para o Vitor que eu voltei e diga para ele vir fazer um curso aqui que é a cara dele". Esse convite deixou Vitor profundamente feliz porque aquele religioso era o cara mais especial que encontrou em sua juventude, isto é, era o seu modelo de ser humano, de fé e de muitas outras coisas. Não hesitou e nem quis saber de mais detalhes, apenas procurou saber a data do próximo curso, o local e o valor. Era um curso de fim de semana e no mesmo local onde havia os encontros de juventude. Vitor ficou pronto e foi entusiasmadíssimo para aquele evento. Chegando lá, Vitor foi recebido exatamente pelo Pe. Zé O, a quem trocou um dos abraços mais calorosos de sua vida. Ele, na sua bondade e afetividade profundas, deu um beijo no rosto de Vitor dizendo: "Meu irmão, quanta saudade eu tinha de te reencontrar!". Emocionado, Vitor tentou esconder as lágrimas, mas não foi possível, deixando que elas respondessem por ele as palavras que ficaram embargadas pela emoção.

Naquela hora, passou o filme de tudo o que havia aprendido dele sobre o compromisso do jovem cristão – ter responsabilidade acerca das injustiças sociais, denunciando-as e promovendo a justiça e a dignidade dos pobres. Seus ensinamentos contribuíram para a sua entrada na política, embora agora buscasse os seus ensinamentos para encontrar uma maneira honrosa e sábia para sair dela. Deu vontade de ali mesmo despejar toda a sua história recente depois que ficaram afastados e pedir os seus conselhos, mas não era possível, pois ele estava recebendo os alunos do curso.

Assim, Vitor foi convidado para fazer o *check-in* e se acomodar para descansar um pouco até o início do curso. Vitor apenas acomodou sua mala no quarto e foi andar por aquele local tão visitado na juventude e distante dos seus olhos por tantos anos. Ficou contemplando todos os locais de estudo, o trabalho em grupo e o bosque onde ele e os outros faziam as suas meditações. Viu também a capela, onde ele e os outros faziam profundas experiências com Deus, e a sala de palestra, toda reformada, linda e aconchegante, onde aprendera as maiores lições de vida depois dos aprendizados de sua infância junto com a família.

Vitor lembrou muito do campinho de futebol em que praticava esportes nos momentos de lazer, do salão de jogos e do bate-papo, pois todos conversavam sobre os mais variados assuntos ligados aos problemas da juventude daquela época. Houve a lembrança também das tantas garotas que, além de bonitas, eram muito simpáticas e acolhedoras. Quantas delas Vitor achava que seria o seu par perfeito, a mulher ideal para ser a mãe de seus filhos... Só que isso era segredo, ficava apenas guardado em sua mente e em seu coração, já que a sua timidez e o seu complexo jamais permitiram ir além de um simples bate-papo. Até porque ele vivia uma dúvida cruel: casar e ter filhos ou seguir a vida religiosa na congregação do Pe. Zé O? Era encantado por aquele projeto fascinante: o de cuidar dos jovens e transformá-los em cidadãos de valor, mas também era muito inclinado pela família, como já revelou em muitos momentos neste livro, afinal, tinha um compromisso de cuidar de sua família, ao passo que se formou para dar uma condição de vida melhor. Caso continuasse na vida religiosa, não realizaria o sonho mais antigo e nobre de sua vida. Essa parte estava resolvida, e, claro, ficou ainda mais feliz porque tinha feito a melhor opção: estava casado, muito bem casado, com dois filhos e já havia realizado o sonho da casa própria para os pais, além do fato de que a sua casa já estava construída. Enquanto a sua mente passeava pela história daquele lugar e o seu coração acompanhava vivendo as mesmas emoções da época, foi convidado para a sala de palestra em que teria início o curso.

Às 19h30min. foi iniciado o curso. Havia cerca de quarenta pessoas, entre jovens e adultos, um público aparentemente mais seleto, com bom nível de escolaridade, alguns já ocupando cargos importantes em empresas, e Vitor lá, ainda num estado de transe completo, pois parecia não ser real o que estava vivenciando. Quanto mais o curso acontecia, mais distância daquela frustração da derrota política ele sentia. Vitor estava em paz, feliz e esperançoso. O tema do curso era "Introdução à Programação Neurolinguística – PNL". Naquela primeira noite, ficou só na apresentação dos cursistas e na definição sobre o que é PNL, sendo o suficiente para que ele ficasse apaixonado pelo assunto:

Programação Neurolinguística – PNL

Existem várias definições de PNL e estas são algumas delas:

PNL é uma ciência

Que vem sendo pesquisada desde meados dos anos 70, busca aprimorar e refinar as habilidades humanas.

PNL é uma tecnologia

Que capacita os praticantes (*Practitioners*) a organizar as suas informações e percepções para enxergar o que antes era invisível e atingir os melhores resultados.

PNL é uma metodologia

Baseada na pressuposição de que todo comportamento tem uma estrutura que pode ser descoberta, modelada, ensinada e transformada.

PNL é uma atitude

Caracterizada pelo senso de curiosidade e de desejo de aprender novas habilidades. É olhar a vida como uma oportunidade de aprender.

Programação Neurolinguística é:

• Um processo educacional sobre como usar melhor o nosso cérebro.

• A arte de modelar a forma e sequência de estados internos, de processos internos, de comportamentos externos e os critérios e crenças que mantêm a congruência do sistema.

- Uma atitude de curiosidade, de humildade e de respeito pelo o que nós ainda não sabemos.
- Um conjunto de ferramentas específicas que pode ser aplicado eficientemente em qualquer interação humana, portanto, em qualquer contexto.

No dia seguinte, pela manhã, Vitor pediu ao Zé O um horário para falar com ele. Prontamente ele se ofereceu dizendo: "é claro; estou muito interessado em saber de sua vida!". Combinaram de se encontrar às 20h, já que o curso terminava às 18h. Naquele encontro a sós, pôde contar toda a sua história, até então desconhecida por Zé O. Depois de expor todas as suas conquistas, derrotas e sofrimentos, Zé O ficou comovido, ao par como se comove um pai ao ver o seu filho sofrendo. Por consequência, deu um abraço em Vitor novamente dizendo: "parabéns, Vitor. Quanta pureza em seu coração! Quanta beleza em seu ideal. Eu consigo compreender muito bem a sua dor, pois eu também vivi algo semelhante, mas como religioso. Fui mais respeitado, mas sem muito resultado. Os resultados que consigo hoje são mais gratificantes e foram mais bem introduzidos na minha missão. Não precisa ficar sofrendo, pois tenho uma ótima notícia para você!".

A tomada de consciência de sua missão

Depois de ouvir atentamente os conselhos do padre, Vitor relembrou de alguns temas sobre o propósito de vida e que eram muito debatidos na época do encontro de jovens. "Você não nasceu de uma abóbora ou caiu de um paraquedas", lembrava ele brincando, pois eram termos muito usados por ele naquela época. "Você não está aqui por acaso. Deus tem um plano muito especial para você". Nessa hora voltava o filme de tudo, disse ao padre, e foi isso que o levou para a pastoral da juventude e para a política, de modo que tinha consciência de que era a sua missão. "Olha, meu amigo, Vitor. Realmente você não estava fora de sua missão, mas o plano de Deus para você é maior do que só atuar na política de sua cidade. Ele quer mais do que isso. Você pode usar a PNL para potencializar a inteligência das pessoas por meio do autoconhecimento, ajudá-las a acreditar mais em seus poderes mental, intelectual e criativo, mudando as suas vidas para níveis mais elevados e provocando mudanças positivas em outras pessoas à sua volta, sem perseguição, sem oposição e ainda ganhando um dinheiro digno com isso. Você já pensou no quanto é prazeroso ganhar dinheiro fazendo as pessoas felizes e evoluídas?". "É isso, padre!" Vitor deu um grito, pois não se conteve. "É isso que eu quero para o resto da minha vida", disse Vitor ficando calmo. "Como faço para me capacitar em PNL, a fim de seguir esse caminho?" Ele disse: "vamos devagar; termine o curso primeiro, conheça melhor a PNL e faça todos os módulos". Eram três fins de semana; um por mês. "De acordo com o curso, vou te orientando quanto ao caminho a ser percorrido e já te antecipo que não é uma formação barata, mas você vai conseguir". Terminada a conversa, Vitor sentia que estava mais leve do que uma pluma, afinal, dissolveu aquele peso das costas e aquela tristeza da alma. Mais do que isso, não só dissolveu, bem como uma alegria indescritível entrou em seu lugar. O curso teria encerramento no domingo e todos estavam empolgados. Entretanto, ninguém mais do que Vitor. Na volta, veio louvando e agradecendo a Deus pelo caminho, pensando no quanto ele estava por trás de tudo aquilo.

Saiu de casa para o curso desolado, apenas deu um abraço e um beijo nos filhos e em sua esposa; uma mulher com alto-astral e proativa. Ela disse na despedida: "Vai com Deus, tomara que esse curso traga novas esperanças...". No seu retorno, com outro astral e com uma alegria contagiante, abraçou todos em casa e disse à sua esposa: descobri uma nova paixão. Foi maravilhoso. Antes que ela ficasse sem entender nada, Vitor relatou para a esposa tudo sobre o curso e a sua descoberta. Agora tudo fazia sentido, pois tinha respostas para as perguntas que havia feito: trabalhar com PNL; isso sim é o que Vitor queria para o resto de sua vida. Assim, fez todos os módulos e teve a sua formação básica em PNL. Na conclusão do curso, estava mais clara, em um dia ensolarado, a convicção do que ele queria. Fazia um ano que havia perdido a política, mas começou a entender que a derrota foi um bem para ele. Passou a ver um novo futuro com novos horizontes e com novos sonhos. A sua desilusão pós-política era revestida de uma ilusão muito mais poderosa e empolgante, e, o que ainda era melhor, dificilmente teria adversário.

Assim que concluiu o curso, foi surpreendido com a notícia de que o seu mestre e amigo Pe. Zé O acabara de falecer. Morte súbita: tinha acabado de fazer uma caminhada, chegado à sua casa e caído morto. Quando ficou sabendo da notícia, já havia ocorrido o sepultamento, e, com isso, não teve a oportunidade de ir ao seu velório. Quanta tristeza! Vitor nunca imaginava que perderia o seu mestre tão cedo. Como eram vários profissionais, o trabalho continuou normalmente.

Vitor voltou para saber mais informações de sua morte, visitar o seu túmulo e dar o seu adeus àquele que mais uma vez tinha feito a diferença em sua vida. Quanto ao fato, a última missão do mestre foi ensinar o verdadeiro caminho e a verdadeira meta de Vitor. Quanta gratidão!

Lições de *coaching*

Por este capítulo ficou claro que o grande fracasso político de Vitor foi para o seu bem. Comente sobre isso.

_____

_____

_____

_____

Você já teve alguma má experiência que te fez sofrer e depois aprendeu que era para o seu bem? Comente.

_____

_____

_____

_____

Este capítulo revela o ditado popular: "Deus escreve certo por linhas tortas". Como você percebe essa afirmação revelada neste capítulo?

_____

_____

_____

_____

Ao Vitor foi revelada uma missão mais completa que fizesse dele alguém mais realizado e feliz. Você acha que está totalmente feliz e realizado na sua missão?

_____

_____

_____

_____

Caso não esteja atuando totalmente em sua missão de vida, o que você pode fazer para descobri-la, e, a exemplo de Vitor, turbinar ainda mais a sua motivação?

_____

_____

_____

_____

Capítulo 8

Quando temos um grande sonho, o universo trata de dar uma mãozinha

"Você é o ímã mais poderoso do universo. Você contém uma força magnética dentro de si mais poderosa do que qualquer coisa neste mundo, emitida por seus pensamentos."

John Assaraf

O passo seguinte foi entrar no curso de formação: o *practitioner* em PNL. O valor do curso estava bem acima das condições financeiras de Vitor. Assim, ele teve que protelar um pouco, a fim de controlar a situação para fazer a formação sem correr riscos demais. Nesse meio-tempo, e um pouco angustiado pela vontade de fazer logo a formação e sem ter condições financeiras, subitamente chegou um fax do escritório onde trabalhava, aos seus cuidados, convidando para um curso de PNL com o tema: "Liderança emocional e reengenharia mental". Não era formação, mas um conteúdo instigante que lhe daria um ótimo embasamento para o que já havia feito. O curioso é que além de não conhecer ninguém da empresa que o convidava para o curso, o preço dele custava a metade do valor. Pegou aquele fax, levou para casa, mostrou à sua esposa, e, mais uma vez empolgadíssimo, concluiu que o valor total ele não conseguiria pagar, mas a metade, com esforço, era possível. Sua esposa o apoiou, Vitor ligou no outro dia e fez a inscrição. O curso começava já naquele fim de semana, na cidade de São Paulo. O espanto continuava. Chegando à secretaria, e assim que se apresentou, Vitor confirmou a sua inscrição e fez o pagamento. A secretária apresentou o material e o recibo com o valor total do curso. Assustado, perguntou a ela sobre o desconto de 50% para ele. Ela recusou, disse que não foi dado desconto a ninguém e que o preço já era promocional. Em seguida, Vitor apresentou a cópia do fax. Ela pegou, pediu para aguardar, foi ao instrutor do curso, o dono da instituição que ia ministrar o curso, não ouviu o que ele disse e apenas percebeu os seus gestos dizendo que estava tudo certo e que poderia cobrar a metade. Vitor ficou calmo. No meio do curso, perguntou ao professor: "o senhor me conhecia antes?" "Não", respondeu o professor. "Conhece a empresa em que eu trabalho?" "Também não". "O senhor me deu um desconto muito importante e fiquei sabendo que foi só para mim. Por que fez isso?" "Quando temos um grande sonho, o universo trata de dar uma mãozinha", disse ele sorrindo. Vitor continuou não entendendo, mas a sua última frase, juntamente com o ocorrido, o fez ter mais certeza ainda de sua missão.

Conhecimento quando transformado em ação é poder

Essas palavras são de Antony Robbins e cabem muito bem aqui. Depois dessa nova experiência, Vitor tomou uma das maiores decisões da idade adulta: daqui a dois anos iria se formar em PNL, criar um plano B e depois deixar o seu plano A, saindo da empresa para trabalhar só com a PNL. Compartilhou com a sua esposa sobre tal decisão e ela imediatamente o apoiou. O apoio de sua esposa foi de suma importância em sua nova carreira. Ela é a prova de que o sucesso é construído em parceria. Sem o seu apoio, seria infinitamente mais difícil. Nesse momento, ela não só o apoiou como também investiu em seu projeto, disponibilizando parte do dinheiro que necessitava para pagar a entrada do curso. Sem nenhum desconforto, gentilmente tirou parte de sua reserva, recebida na ocasião da rescisão de seu contrato de trabalho, e investiu na formação de Vitor.

Enfim, matriculado na formação em PNL

Graças à compreensão e ao apoio de sua esposa, Vitor estava lá no curso de formação. O hotel-fazenda, local do curso, era alto padrão, coisa que ele estava acostumado a ver só em novela ou em cinema. Vitor estava lá. Era muito fora da sua realidade, de modo que entrou em choque, ficando com um peso na consciência, ao passo que se sentia injusto com a sua esposa, afinal, ficar naquele paraíso durante vinte dias e em dois módulos de dez dias seria cometer uma injustiça muito grande. Ligou para a esposa informando o que estava acontecendo, dizendo que, se ela concordasse, ele voltaria para casa e cancelava o curso porque estava com tamanho peso na consciência a tal ponto que não estava nem conseguindo prestar atenção direito no curso. Mais uma vez, ela o surpreende: "Relaxa, Vitor, já que você está aí, dê o seu melhor para fazer jus ao investimento. Aqui está tudo certo!". Era o que ele precisava ouvir. Relaxou e entrou de cabeça no curso. Para não comprar água mineral, Vitor tomava da torneira: era um pouco de seu sacrifício por eles. Durante o curso, criou uma imagem mental de seu futuro: pela sua imagem, estaria ministrando o seu primeiro curso de PNL com uma turma enorme e atenta à sua explicação e recebendo aplausos de pé no encerramento do curso. Essa imagem o motivava a mergulhar em tudo o que acontecia no curso. A cada dia que passava mais se sentia preparado para atuar nesse maravilhoso mundo do autoconhecimento. Nas noites após o curso, continuava trabalhando para formatar o seu primeiro curso de PNL. Voltou da formação com o curso formatado. Ele iria garantir ao Vitor a alçada para voos mais altos nessa nova jornada. Era um curso de doze horas. Ele mesmo fez o material de propaganda, montou as apostilas, vendeu o curso e o ministrou.

Seu primeiro curso de PNL

Era março de 1998, sala lotada com 39 participantes, a maioria das pessoas era formada por amigos que não sabiam nada daquilo. Aliás, muitos deles diziam a Vitor: "não sei o que significa isso, mas se está vindo de você eu vou, pois deve ser coisa boa". Essas palavras o enchiam de orgulho, pois tudo confirmava que ele estava no caminho certo. Para a sua satisfação, a esposa era a sua parceira. Ela cuidava do recebimento e do *coffee break* e até os seus sogros entraram na dança, dando uma grande contribuição. No final do curso, aconteceu exatamente a imagem que Vitor havia criado em sua mente: ele foi aplaudido de pé. Não bastasse isso, todos se juntaram e começaram a aclamá-lo, jogando-o para cima. A emoção foi tão forte que quando o colocaram no chão, ele ficou ali sentado e chorando copiosamente. Preocupados, perguntaram o que havia acontecido. Vitor pediu apenas para que o deixassem chorar e que depois explicaria. O curso foi encerrado com uma confraternização. No meio da confraternização, Vitor pediu um minuto de silêncio para explicar o motivo de sua emoção. Após a fala, novamente foi ovacionado e assim ficou selada com chave de ouro a sua nova missão.

Entusiasmado com o sucesso do primeiro curso, Vitor criou uma agenda para o ano todo. Todo mês tinha uma turma nova. Com o dinheiro levantado dos cursos, pagava as parcelas do restante do *practitioner* e já planejava fazer as outras formações: *master pratitioner* e o *trainer*. A fama de seus cursos começou a ser espalhada por toda a região. Em pouco tempo, as pessoas das cidades vizinhas vinham ao encontro do curso por indicação de seus ex-alunos. Aproveitou o sucesso do curso de doze horas e criou outros dois módulos. Agora, já não era mais um módulo só, era possível ir mais fundo nesse mundo fantástico da PNL. Com os cursos, certas portas foram abertas para palestras em Sipats, cursos *in company* e palestras em escolas. Resultado: era hora de transformar o plano B em plano A, pois não estava sendo mais possível compatibilizar as duas atividades. Além do mais, o resultado financeiro do plano B estava bem maior do que o do plano A. E o plano B acontecia em apenas dois dias: no sábado e no domingo.

Menos de dois anos depois do estabelecimento de sua meta, deixava o seu emprego para seguir em frente com a sua missão definitiva

Em outubro daquele mesmo ano, Vitor deixou a empresa. O seu plano B foi transformado em plano A antes do programado, isto é, de dois anos para menos de um ano e meio. Vitor era o cara mais feliz do mundo de novo. Seu gerente, a quem ele era muito grato, foi muito gentil com ele. Vitor falou sobre o seu projeto e a decisão que tinha tomado, e pediu demissão. Considerando que ele tinha 15 anos de empresa, poderia ter um capital para terminar os seus estudos e ter uma sobra para garantir mais estabilidade em sua nova jornada. Ele simplesmente disse: "se eu soubesse fazer o que você faz nem eu estaria aqui". O gerente aceitou a demissão de Vitor e deu a ele todos os direitos, e, no final, confidenciou que Vitor havia ajudado a resolver um problemão, ou seja, ele, o gerente, teria que demitir alguém da equipe. Com o seu pedido, ele resolveu esse problema. Desde então, Vitor ficou com as portas abertas para voltar para a empresa não mais como funcionário, mas como palestrante e professor de desenvolvimento humano.

Como na vida nem tudo são flores...

Alguns meses após sua saída da empresa, foi diminuindo a procura pelos cursos. Assim, a sua agenda de palestras estava encolhendo e os resultados financeiros mal davam para pagar as suas despesas. Vitor começou a sentir o peso da responsabilidade de ter deixado a empresa antes da hora. Ficou alguns anos passando muito aperto. Não havia possibilidade de voltar a ser empregado na mesma empresa e nem ele queria. Há tempos havia abandonado o remédio tarja preta. Deste modo, a sua saúde estava perfeita e ele estava totalmente focado na sua missão. Era a sua missão de vida e não podia dar errado, pensava ele. Terminou toda a formação em PNL: fez o *master practitioner*, o *trainer*, a Hipnose clínica Eriksoniana, *coaching* e *master coaching*. Acabou com a reserva que havia guardado de seu acerto na empresa. Agiu rápido. Sua formação lhe garantia atuar em várias áreas. Além de professor de PNL, podia atender como terapeuta sistêmico, em treinamento de empresa na área de gestão de pessoas, em consultoria em RH e desenvolver cursos para as áreas de educação e de saúde. Não hesitou, logo, formatou cursos para as diversas áreas e passou a atender nos tempos livres como terapeuta sistêmico. Foi à luta de maneira mais organizada e seguindo o conselho de seu cunhado, que por sua vez era gerente aposentado da área de RH na empresa em que trabalhava. O Nilson Lima, seu cunhado, deu a ele um belo conselho: "Vitor, continue levantando no mesmo horário e cumprindo a mesma carga horário que você cumpria na empresa. Evite perder a sua disciplina com horário. Mesmo que não tenha nada para fazer, levante cedo e vista a sua roupa de trabalho, nada de bermuda e camiseta, e esteja pronto para receber o seu cliente quando ele aparecer, ou, ainda, para ir ao encontro dele". A regra foi seguida rigorosamente. A experiência profissional acumulada na Votorantim, empresa onde Vitor trabalhou por 15 anos, foi uma grande escola para executar as suas consultorias organizacionais. Vitor tem um carinho muito especial por essa empresa, pois lá aprendeu como funciona uma empresa de sucesso.

Criou sua empresa: Instituto Lapidar

Vitor teve a ideia de criar uma empresa especializada em desenvolvimento humano e organizacional. Criado em 1998, o Instituto Lapidar é uma instituição que acredita no ser humano e no seu imenso potencial a ser desenvolvido. Mediante as técnicas de PNL e de *coaching*, o instituto ajuda as organizações e pessoas a extraírem o melhor delas mesmas para construir evoluções, realizações e conquistas significativas, além de impactar positivamente o mundo, fazendo um mundo melhor para todos.

Focado no desenvolvimento sistêmico de pessoas, todos os trabalhos feitos pelo Instituto Lapidar levam em consideração o ser humano como um todo, desde as suas carências afetivas e espirituais até a busca pela realização de sonhos e a superação de seus limites. Transformar pessoas e organizações a partir de suas aspirações, alargando os seus horizontes com o despertar de seu grande poder interior, é a sua razão maior.

Missão

Promover a alta performance humana, gerando excelências pessoal e profissional.

Contribuir para que as organizações cumpram o seu propósito existencial por meio de uma gestão eficiente.

Visão

Ser reconhecida como a melhor empresa do país em seu ramo de atuação, tendo como diferencial a visão holística do ser humano e das organizações.

Valores

Honestidade

Agir de maneira ética e confiável com os nossos parceiros e clientes.

Integridade

Prezamos pela coerência entre o que ensinamos e o que vivemos.

Amor

Somos apaixonados pelo o que fazemos, pois acreditamos que o quê é feito com amor gera resultados mais impactantes nas vidas das pessoas.

Ousadia

Somos movidos por desafios e adoramos ajudar as pessoas e as organizações a superarem obstáculos na busca pela realização de seus sonhos.

Competência

Buscamos, incansavelmente, novos aprendizados, a fim de atender com a mais alta competência os nossos clientes e parceiros em suas necessidades.

A empresa procurou a profissionalização ao máximo, mudou a sua sede para uma cidade maior, contratou um representante comercial para vender os seus cursos e fez parceria com uma empresa de consultoria e atendimento terapêutico; ação, essa, a convite de Natália, uma psicóloga, e de seu esposo Francisco. Ambos são sócios da instituição e viraram grandes amigos de Vitor, de modo que ele é eternamente grato pelo convite. O resultado ajudou a dividir as despesas com a secretária. A empresa estava bem estruturada, com secretária e com um representante comercial, além de ser uma empresa registrada, com missão, visão e valores. Assim o susto do começo da nova jornada foi vencido. Os trabalhos foram prosperando. Os seus atendimentos individuais geravam grandes resultados nos clientes em poucas sessões. Os cursos aconteciam regularmente. A empresa começou a levar os cursos para outras cidades e ela foi se tornando cada vez mais conhecida e respeitada. Os negócios iam de vento em popa.

Voando para a vitória

Dando um passo de cada vez, de obstáculo a obstáculo vencido e de pequenas a pequenas conquistas realizadas, chegou a vez de Vitor voar de avião para dar os seus cursos e as suas palestras em terras distantes, a bem da verdade, cerca de 30 anos depois daqueles sonhos de adolescente camponês cuja única coisa que sabia fazer bem era carpir o mato das plantas e ter uma obstinação por vencer na vida por meio dos estudos e da dedicação. Depois de um bom tempo atuando em sua região, Vitor quis ir mais longe e atingir outras regiões do Brasil, a fim de levar a sua nova filosofia de trabalho promovendo as pessoas. Graças à expansão de sua rede de contatos, recebeu um convite para palestrar e dar treinamentos numa região distante, cerca de três mil quilômetros de sua cidade. Opa! A chance de Vitor chegou: viajar de avião para ministrar os seus cursos. Ele contava os dias para efetuar aquela tão sonhada façanha e viajar de avião como palestrante. Quando chegou o dia da viagem, estava lá no aeroporto e em estado de êxtase o palestrante e mestre em PNL e *coaching*, tremendamente feliz. Na hora de embarcar, Vitor levanta serenamente da cadeira da sala de embarque, pega a sua maleta de executivo e caminha como se flutuasse em direção ao avião. À medida que ia subindo a escada do avião, a emoção ficava mais forte. Quando chegou à porta do avião, não conseguiu segurar as lágrimas, pois era emoção demais! Todo aquele filme do boia-fria sonhador passava pela sua mente. As vozes dos que goravam o seu sonho eram abafadas pela realidade do momento.

A simpática comissária do voo veio correndo ao seu encontro dizendo: "o senhor está passando mal? Precisa de ajuda? "Não, senhora. É emoção demais, mas é uma emoção boa. Pode ficar tranquila. Está tudo certo". Percorreu a viagem chorando e pensando em toda a sua história, reconhecendo as bênçãos de Deus em sua vida e as tantas batalhas travadas com dedicação e com paciência.

A alegria de viver mais essa experiência o deixou tão inspirado em seus cursos durante aquela estada que encantou todos os seus participantes, levando-o a voltar muitas vezes naquela região. Hoje, Vitor está acostumado a atender em regiões distantes e sem perder a alegria de continuar viajando de avião para cumprir a sua grande missão. Para cumprir a sua demanda de trabalho, viaja para longe de avião por cerca de doze dias por mês. O resto do tempo divide entre a sua família e os trabalhos em sua região.

Responsabilidade social

Nessa época, a realidade brasileira tinha mudado, pois havia acabado a ditadura militar e o povo já podia escolher o seu governante, ao passo que a sociedade estava mais democrática e a vida estava mais fácil. A teologia da libertação e as CEBs (Comunidades Eclesiais de Base) perderam a sua força. De certa forma, parte de sua missão estava cumprida, uma vez que o país estava com a democratização e os pobres tinham um pouco mais de dignidade. O país tinha adquirido modernização e havia mais emprego. Claro que ainda havia muito o que fazer, mas a vida estava mais fácil. Vitor não estava mais na política, nem nos grupos de jovens e nem nas CEBs, pois não tinha mais tempo devido às suas atividades. Entretanto, Vitor não abandonou a sua preocupação com o social, a entender, que sempre o acompanhou desde a infância. Por mais de 20 anos, Vitor atuou como voluntário numa instituição chamada Obras Sociais São Domingos Sávio. Dando formação integral, a instituição trabalha com os menores carentes de doze a dezoito anos, a fim de garantir um futuro melhor para esses jovens. No início da década de 90, a instituição criou o "Programa Bom Menino", com base no Estatuto da Criança e do Adolescente. Com esse programa, ela fez parceria com algumas empresas de nossa cidade. Essas empresas contratavam esses jovens após completarem 16 anos com bolsa de emprego, de modo que trabalhavam meio período com todos os direitos e as garantias assegurados, sendo os melhores contratados em definitivo como funcionários após os 18 anos. Com esse programa, tiraram muitas famílias da margem da pobreza, abrindo espaço para que muitos jovens pudessem construir uma carreira profissional de sucesso na empresa onde atuavam. Mais tarde, e devido a algumas alterações da lei, o programa foi modificado e teve o seu nome mudado para programa "Chame" (Centro de Habilitação de Menores). Embora continuasse com os mesmos objetivos, havia atividades de desenvolvimento mais profissionalizadas.

No final de 2017, considerando a carência de novas lideranças no Brasil e ainda com tantos maus exemplos de políticos e de alguns empresários brasileiros, Vitor criou o programa jovem esperança.

Sou do bem. Faço um mundo melhor.
Ong vinculada ao Instituto Lapidar.

O que é o programa?

• É um *coaching* de vida e de carreira que tem por objetivo formar uma liderança nova, com base nos princípios da ética e da justiça social, despertando o idealismo jovem, a fim de que se comprometa com a transformação da sociedade, abraçando um propósito nobre diante de sua vida.

• **Justificativa**: vivemos uma das maiores crises da história brasileira, com um diferencial muito grande comparado a outras, que é a crise de caráter. A política está deteriorada. Nunca nos deparamos com tanta corrupção declarada de liderança política desonesta em nosso país como agora. Vivemos num país carente de liderança nova, honesta e altruísta. É urgente que nós, adultos responsáveis, que repudiamos a corrupção e a desonestidade e defendemos as posturas éticas e responsáveis das lideranças que povoam os mais variados campos da atuação humana, façamos a nossa parte, sobretudo investindo na juventude – o maior patrimônio deste país. São os jovens que estarão assumindo os postos de liderança daqui a pouco na política, nas empresas e nas famílias. Ajudá-los em sua formação é investir na construção do Brasil de nossos sonhos.

Como é feito?

Por meio da arma mais poderosa de que dispomos: a conscientização e a formação, utilizando as ferramentas do *coaching* e da PNL, a fim de que sejam preparados para uma vida responsável e realizadora, fazendo com que descubram e que realizem a sua missão enquanto profissionais e elementos de transformação da sociedade.

Propósito do programa

Não há vinculação a nenhum partido político, nem a credo religioso, embora apoiemos o ingresso na política com conceitos e com posturas novos, centrados em valores éticos e transformadores. Ademais, a participação em uma crença religiosa é estimulada com o objetivo de cuidar da essência espiritual, o que consideramos indispensável para fortalecer o nosso ideal e o nosso propósito.

Não aprovamos nenhuma postura antiética e nem de violência para atingir os nossos objetivos. Seguem os modelos que nos inspiram: Gandhi, Luter King, Mandela e Jesus.

Visão do programa

Construir uma sociedade mais justa e evoluída e com lideranças políticas honestas e líderes empresariais mais preparados para gerir pessoas nas organizações, tornando a convivência humana mais prazerosa.

Formar pessoas conscientes de seu dever na sociedade e com alto desempenho profissional.

Fortalecer no Brasil a cultura do bem e da promoção humana, criando uma sociedade mais justa e igualitária.

O programa ainda está em fase embrionária, mas pretendemos atingir todo o país nos próximos cinco anos.

Hoje, com 20 anos de história e com uma equipe de 15 parceiros, incluindo os seus dois filhos que se formaram na área para trabalhar com o pai, Vitor possui uma agenda superlotada, atuando em quatro estados do país: Minas Gerais, São Paulo, Maranhão e Tocantins. Assim sendo, Vitor é o grande vencedor. Sua agenda principal é formada por:

Cursos de formação em PNL sistêmica

A PNL sistêmica é uma abordagem mais avançada, desenvolvida pelo pesquisador e cocriador da PNL Robert Dilts. Considerada a terceira geração da PNL, ela trabalha o ser humano em sua totalidade, considerando todos os sistemas que envolvem o ser humano e tudo o que existe no universo.

Pela PNL sistêmica, vida e mente são processos sistêmicos – Os processos que existem dentro de seres humanos e entre seres humanos e seus ambientes são sistêmicos. Os nossos corpos, a nossa sociedade e o nosso universo formam um conjunto de sistemas e de subsistemas que interage ecologicamente entre si, influenciando mutuamente. Não é possível isolar totalmente qualquer parte do sistema de seu todo. Esses sistemas são baseados em certos princípios de "auto-organização" e naturalmente procuram estados de equilíbrio ou de estabilidade.

Cursos de formação em *coaching* integrativo sistêmico

Seguindo a mesma linha da PNL sistêmica, essa modalidade de *coaching* também foca na formação integral do ser humano. É a evolução do *coaching* tradicional mais humanizado e mais comprometido com os resultados de seus clientes e de seus alunos. Não há a preocupação exagerada em resultado financeiro, embora isso seja importante. A base desse trabalho é o amor pelas pessoas e o desejo de ajudá-las, de modo que possam construir a sua melhor performance pessoal e profissional. Como Vitor diz frequentemente e coerentemente: "é preciso focar no objetivo de seus clientes, ajudando-os a realizar os seus sonhos, sendo o dinheiro uma consequência".

Vitor ainda atende como *coach* individual e como *coach* organizacional, com uma invejável cartela de grandes clientes como: Votorantim, Honda, Sebrae, Vigor, Cemig, Ambev, Seara, Matsuda, Ferroeste, Peneira Alta – Armazéns gerais, Tozzi alimentos e tantas outras.

A grande revelação

Com a sua missão em ação e com os sucessos profissional e pessoal, Vitor estava plenamente realizado. Assim, e depois de um bom tempo sem revê-los, ele convoca os seus dois amigos inseparáveis. Precisava agradecer ao Pedrinho mão de vaca e ao Moisés pela grande contribuição que eles deram em sua jornada recheada de desafios, de frustrações e de alegrias. Não quis fazer uma reunião simples, considerando o tamanho da importância desses dois amigos em sua vida. Convidou grande parte de seus ex-alunos para uma reunião na sede de sua empresa para um grande acontecimento: apresentar os seus dois amigos mais antigos e mais presentes em toda a sua vida. Naquela noite, a sala estava lotada. Todos os ex-alunos felizes e curiosos para conhecer os seus amigos a quem Vitor tanto mencionava em seus cursos quando contava as suas histórias. Depois de discursar sobre o valor de uma grande amizade em nossas vidas, ele fez um grande suspense, e, em seguida, disse aos presentes: "infelizmente eles não puderam vir porque estavam muito ocupados em seus trabalhos, mas mandaram as suas fotos para que conhecessem as suas imagens. A plateia ficou frustrada com a notícia, mas se conformou porque pelo menos iria ver as fotos. Em seguida, Vitor mostrou na tela do projetor duas fotos dele mesmo. Uma com os dizeres: "eu sou o meu lado Pedrinho pessimista. Ele é minha parte crítica, racional e lógica". A outra foto dizia: "eu sou o meu lado criativo, sonhador, ousado e empreendedor, representado pelo Moisés". Vitor, olhando a plateia assustada, disse: "gente, não existiu o Pedrinho pessimista e nem o Moisés otimista, pelo menos fisicamente, foi apenas uma metáfora que usei para representar as polaridades que existem em nossa mente, desafiando a nossa vida quase que o tempo todo. Todos nós temos o lado racional, lógico, crítico e realista, representado pelo QI (quociente racional). Temos também o lado emocional, criativo, sonhador, empreendedor e ousado, representado pelo QE (quociente emocional). Para nos darmos bem, é preciso compreender a importância do papel que eles exercem sobre a nossa vida, aceitando todos os seus questionamentos e buscando um ponto de equilíbrio entre os dois. Depois que eu conheci a PNL e o *coaching*, tive mais sabedoria para lidar com essas partes, de tal maneira que elas passaram a não mais entrar em conflito. Tudo foi harmonizado internamente e hoje posso viver a plenitude que há em mim.

Outra revelação bombástica

Essa história que você acaba de ler não é do Vitor; nome, logo, fictício. Essa é a minha história, ou seja, a vida de José Osvaldo. Contei dessa forma para não soar arrogante de minha parte. Apenas no primeiro capítulo Vitor existiu com a história que ele contou, embora o nome do personagem real seja outro. Quis escrever este livro sobre a minha história para servir de encorajamento a todos os sonhadores desse país em primeiro lugar e depois aos anônimos que estão passando pela vida. Quem sabe eles não despertam e mudam a sua vida e o seu mundo. Essa é uma de minhas esperanças.

Com ela quero dizer que um vencedor não nasce pronto. Todos nascemos predestinados ao sucesso e à felicidade. Entretanto, não viemos com o manual do sucesso. A história de um vencedor não é uma história recheada só de acertos e de vitórias. Os vencedores, em geral, passam pelas mesmas penúrias que passam os perdedores e os anônimos. O que os diferencia é a capacidade de seguir em frente na concretização de seus sonhos, enquanto os outros desistem diante das primeiras pedras no caminho. Caso eu pudesse voltar à minha vida no começo da jornada, escolheria ser filho dos mesmos pais, ter os mesmos irmãos e ter passado pelas mesmas experiências. Tudo contribuiu para eu ser quem sou hoje.

De volta às origens

Pode ser que alguns leitores achem essa história obsoleta, muito distante da realidade e inadequada para o ser humano da atualidade. Dependendo da ótica pela qual se vê, realmente é muito distante da realidade do mundo atual. Hoje, o ser humano é movido por tantas descobertas, por tanta rapidez de informação e por tantos modismos descartáveis, fora a tecnologia da informação, a robotização do ser humano e a tentativa de humanização do robô, que é a difícil realidade atual; além do poder da inteligência artificial. Esse mundo apresentado aqui está por fora. Acontece que tudo isso que está acessível ao ser humano, apesar de sua importância, não tem tornado os seus filhos mais educados e mais gratos aos seus pais. Isso tudo não tem ajudado as pessoas a serem mais realizadas e felizes. Além disso, também não tem contribuído para aumentar o amor entre as pessoas e a paz no mundo. Acho que fomos longe demais na aventura humana. Acredito que precisamos voltar às origens para que nos deixemos educar por um jeito simples e responsável de viver. Mais do que nunca, o discurso de Chaplin faz todo o sentido:

> O caminho da vida pode ser o da liberdade e o da beleza, porém nos extraviamos. A cobiça envenenou a alma dos homens... levantou no mundo as muralhas do ódio... e tem-nos feito marchar a passo de ganso para a miséria e os morticínios. Criamos a época da velocidade, mas nos sentimos enclausurados dentro dela. A máquina, que produz abundância, tem-nos deixado em penúria. Os nossos conhecimentos fizeram-nos céticos. Nossa inteligência, empedernidos e cruéis. Pensamos em demasia e sentimos bem pouco. Mais do que máquinas, precisamos de humanidade. Mais do que de inteligência, precisamos de afeição e de doçura. Sem essas virtudes, a vida será de violência e tudo será perdido.

É por isso que acredito que o ser humano moderno está sedento das experiências e dos valores vividos por mim e por minha família, sem desprezar todos os benefícios que a tecnologia e a ciência têm nos proporcionado.

Programa para vencedores

Considerando toda a experiência com os meus erros e acertos ao longo de minha vida, quero apresentar, de forma bem sucinta e prática, um roteiro para os que desejarem também construir uma jornada de sucesso:

1º passo: Encare a sua realidade
Independentemente de sua realidade, compreenda-a, aceite-a e procure amar a sua vida. Ame-se, e, à sua maneira, procure elevar a autoestima, reconhecendo os seus pontos fortes, as suas qualidades e os seus pontos de melhorias.

2º passo: Defina os seus valores
Os valores são como placas de sinalização que orientam o seu destino pela vida. Eles são os suportes para as suas ações.

3º passo: Descubra a sua missão ou o seu propósito de vida
Decida como você quer viver e o que quer da vida. Se não se sentir capaz de fazer isso sozinho, busque a ajuda de um *coach*. Investigue as suas habilidades, os seus talentos e as coisas de que você mais gosta de fazer. A sua missão está ligada àquilo que você faz com prazer e com talento.

4º passo: Crie os seus sonhos
Seja um sonhador ousado. Crie os sonhos para as diversas áreas de sua vida. Sonhe com os benefícios em prol de sua família e do mundo.

5º passo: Transforme os sonhos em metas
Estabeleça metas de longo, médio, curto e curtíssimo prazos, tratando de perseguir as pequenas metas e fazendo as suas ações de cada dia.

6º passo: Aceite os seus erros e as suas limitações
Muita gente tem medo de errar. O medo de errar impede a realização de grandes sonhos. Não existe erro, existe resultado. O resultado de cada ação nos revela se estamos na rota certa de nossas escolhas ou não. É só uma questão de aprender com cada resultado, mantendo o foco no destino desejado.

7º passo: Mantenha sempre o foco certo com disciplina e obstinação destemida
Ele age sempre focado em seu ponto de chegada e sem perder de vista o seu estado atual. Não se deixa abater pelas pedras do caminho, vivendo 100% o momento presente, fazendo as ações de cada dia e sempre motivado pela certeza do sonho realizado.

8º passo: Nutra a sua essência divina
Cultive a sua divindade. Pratique a meditação. Tire pelo menos 15 minutos de seu dia para escutar Deus falando dentro de você. Invista nesse relacionamento: você e Deus. Permita ser guiado pela sabedoria que ele inspira.

9º passo: Pratique o amor
Não faça nada por obrigação, e sim por amor. O amor torna a vida e os desafios mais leves. O amor

nos ajuda a fazer mais bem feito todas as nossas ações e nos enche de paz. Reconheça e agradeça a todas as pessoas que de alguma forma contribuem para que as suas conquistas aconteçam.

10º passo: Comemore a cada pequena vitória

As grandes conquistas de nossas vidas são feitas em pequenos avanços. O melhor jeito de chegarmos às grandes realizações é praticarmos a gratidão pelos pequenos avanços diários.

Programa para criar filhos vencedores

Vimos por este livro que a minha família foi a base fundamental para me tornar a pessoa que sou hoje. Portanto, sem querer dar fórmula de como criar os filhos, quero apresentar aqui algumas dicas que aprendi, como filho e como pai, sobre um jeito eficiente de criar filhos bem-sucedidos, tanto na vida pessoal como profissional.

1º Passo: Tenha uma boa estrutura relacional antes de ter filho. Firme o seu compromisso conjugal com maturidades emocional e afetiva. Em outras palavras: case por amor.

2º Passo: Crie os seus valores de família e procure vivê-los.

3º Passo: Não tenha filhos apenas pelo prazer de ser pai ou de ser mãe. Pense de forma global para que o seu filho possa contribuir com a melhora do mundo. Pense: quais os problemas que ele pode ter e como prepará-lo para a vida?

4º Passo: Não dê tudo o que o seu filho pedir. Saiba dizer sim e não com sabedoria.

5º Passo: Saiba compatibilizar amor, repreensão e disciplina.

6º Passo: Ensine seus filhos a praticarem a espiritualidade e dê o exemplo de sua prática espiritual.

7º Passo: Ajude o seu filho a descobrir a sua missão na infância. Os primeiros sinais de missão são revelados nas crianças dos seis aos doze anos. Nesse período, desperte o seu filho para observar pessoas que fazem a diferença como profissional nas várias profissões. Ajude-o também a perceber indivíduos com a vida pessoal exemplar. Faça frequentemente a pergunta: o que você quer ser quando crescer? Procure não influenciá-lo na resposta.

8º Passo: Ensine-o a ter sensibilidade social, sendo solidário com os seus coleguinhas mais necessitados.

9º Passo: Ensine-o a fazer muitos amigos e a escolher ser o melhor amigo de seus amigos.

10º Passo: Ensine-o, pelo exemplo, a viver no amor incondicional. Lembrando que o amor não é somente sentimento e muito menos discurso emotivo. Amor é atitude.

Por fim...

Agradeço a todos que participaram de minha história, colaborando para que eu pudesse aprender tudo o que aprendi da vida, e que propiciaram ser quem sou hoje. Primeiro, à minha base familiar e a todos os meus irmãos, e, na sequência, à minha esposa Neide e aos meus dois filhos Danilo e Elisa. Depois, a todas as pessoas que fizeram parte de minha vida até aqui. Por último, mas também por princípio de tudo, a Deus, na pessoa do meu maior mestre Jesus de Nazaré, que, a bem da verdade, colocou em meu coração e em minha mente o desejo ardente de fazer a diferença no mundo com a minha vida, movido pelo amor cristão e pela solidariedade humana. Tenho ainda muito o que aprender na vida e estou buscando, incessantemente, os meus aprendizados. Estou aberto também a acatar todas as surpresas que a vida ainda vai me revelar, e, independentemente de como ela vai se manifestar, estou preparado. Continuarei buscando os meus ideais e amando a vida que me é presenteada a cada dia. Afinal, a vida é o que acontece a cada momento.